平安貴族列伝

倉本一宏

はじめに

平安京に生きた貴族たちの実像とは

『史記《しき》』から始まる中国の正史《せいし》は紀伝体《きでんたい》という形式をとっており、本紀・世家・列伝・志・表など、様々な種類の項目によって構成されている。

それに対し、日本の正史である六国史《りっこくし》は、本紀だけを独立させたもので、『日本書紀《にほんしょき》』は本来は『日本紀《にほんぎ》』と呼ばれていた。これは『日本書紀』が我が国としては初めての国史の編纂であって、まだ編纂能力が未熟であったという理由以外に、その編纂を主導した藤原不比《ふひ》等《と》の存命中に間に合わせようとして、養老四年（七二〇）五月に急遽完成させたという事情も存在したのである（不比等は八月に死去している）。

特に本紀と並んで正史の中心となる列伝がないということは、早くから問題となっていたようで、二番目の正史である『続日本紀《しょくにほんぎ》』以降には、しばしば薨卒伝《こうそつでん》と呼ばれる個人の伝記が載せられている。

もっとも、六国史は基本的には五位以上の貴族にしか死亡記事が載せられないので、中国正史の列伝のような広範な身分の人々の伝記を知ることはできない。また、薨卒伝は、ほとんどは簡単な故人の来歴などを記すだけのことが多いのも、残念な点である。

しかしながら、時には故人に対する非常に辛辣な評価が記されている場合もあり、読んでみると、これがなかなか面白いものである。

この本では、藤原氏などの有名貴族からあまり知られていない人物まで、興味深い人物に関する薨卒伝を取り上げ、平安京に生きた面白い人々の実像に迫る。原文はすべて現代語訳を掲げる。

「平安貴族列伝」と号した以上、桓武《かんむ》天皇の延暦十三年（七九四）の平安京遷都以降についてご紹介していきたい。

六国史は『日本書紀』『続日本紀』『日本後紀《にほんこうき》』『続日本後紀《しょくにほんこうき》』『日本文徳天皇実録《にほんもんとくてんのうじつろく》』『日本《にほん》三代実録《さんだいじつろく》』からなるが、平安京遷都の延暦十三年は、そのうち三つ目の『日本後紀』のはじめの方になる。

この本では、『日本後紀』『続日本後紀』の薨卒伝を扱う。

目次

目次

第二章『続日本後紀』に見える薨卒伝

藤原氏略系図

倉本一宏『藤原氏』(中公新書、二〇一七年)より
(□は議政官、■は大臣に上った者、数字は氏上[氏長者]継承順)

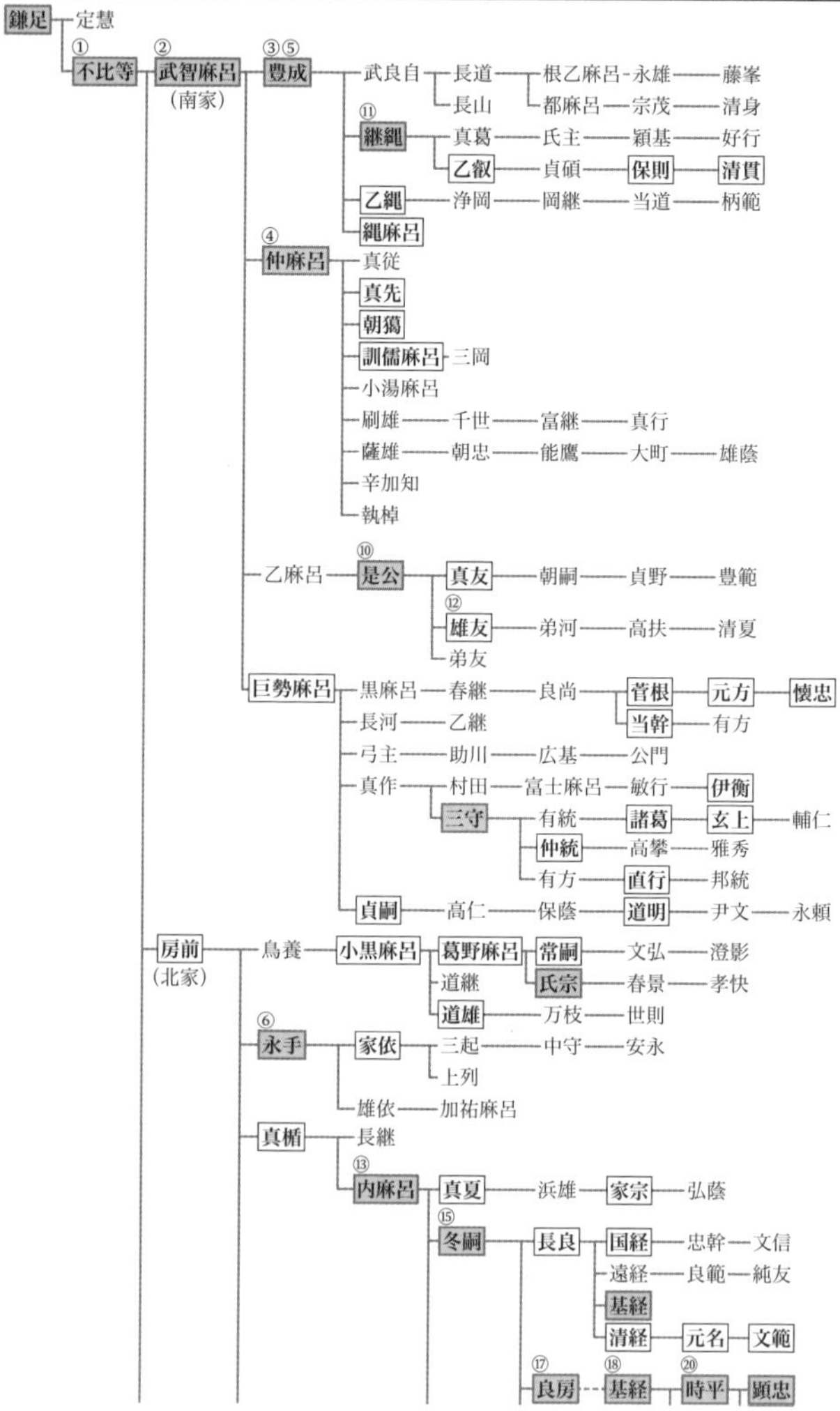

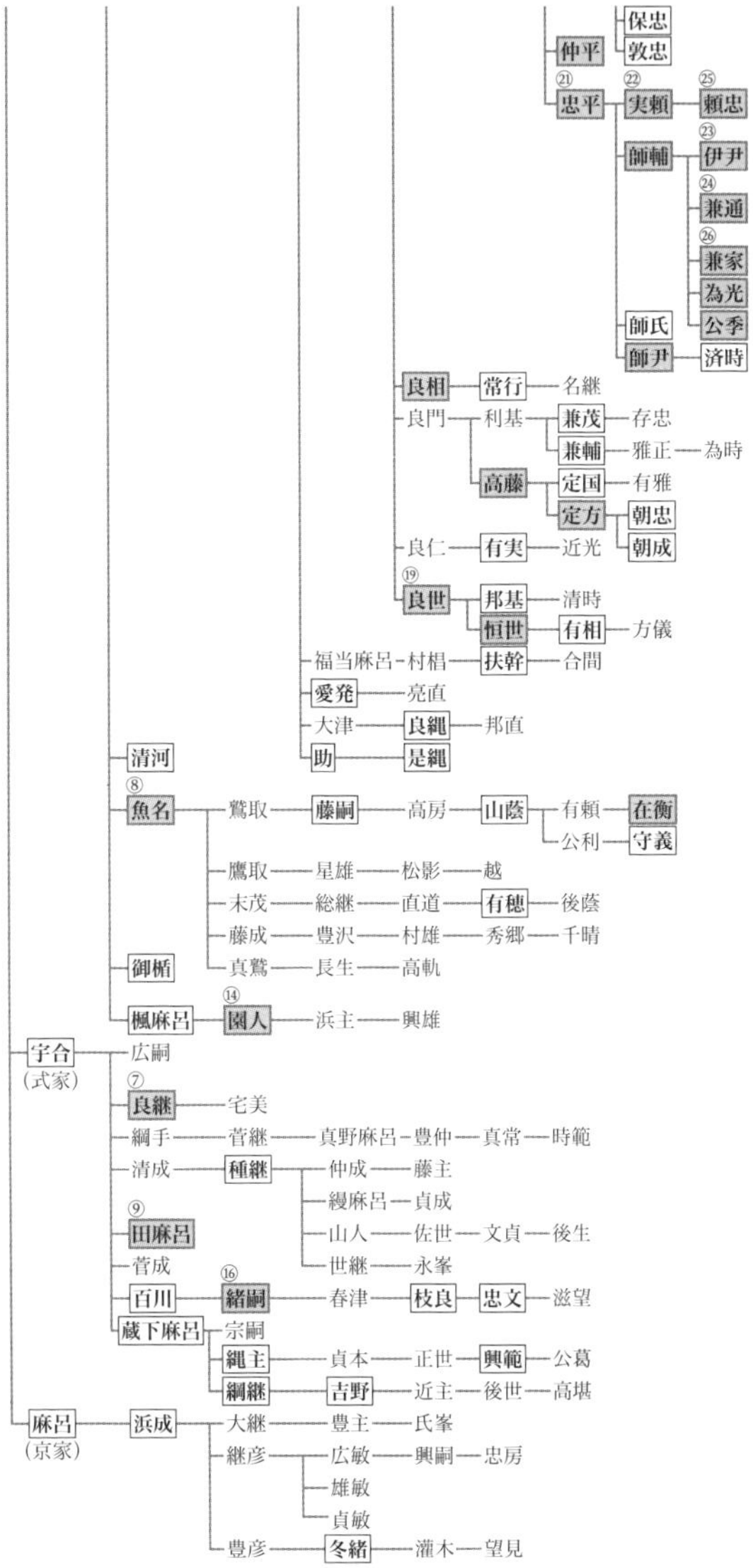
保忠
敦忠
仲平
㉑忠平
㉒実頼
㉕頼忠
師輔
㉓伊尹
㉔兼通
㉖兼家
為光
公季
師氏
師尹
済時
良相
常行
名継
良門
利基
兼茂
存忠
兼輔
雅正
為時
高藤
定国
有雅
定方
朝忠
朝成
良仁
有実
近光
⑲良世
邦基
清時
恒世
有相
方儀
福当麻呂
村椙
扶幹
合間
愛発
亮直
大津
良縄
邦直
助
是縄
清河
⑧魚名
鷲取
藤嗣
高房
山蔭
有頼
在衡
公利
守義
鷹取
星雄
松影
越
末茂
総継
直道
有穂
後蔭
藤成
豊沢
村雄
秀郷
千晴
真鷲
長生
高軌
御楯
楓麻呂
⑭園人
浜主
興雄
宇合
（式家）
広嗣
⑦良継
宅美
綱手
菅継
真野麻呂
豊仲
真常
時範
清成
種継
仲成
藤主
縵麻呂
貞成
山人
佐世
文貞
後生
⑨田麻呂
菅成
百川
⑯緒嗣
春津
枝良
忠文
滋望
蔵下麻呂
宗嗣
縄主
貞本
正世
興範
公葛
綱継
吉野
近主
後世
高堪
麻呂
（京家）
浜成
大継
豊主
氏峯
継彦
広敏
興嗣
忠房
雄敏
貞敏
豊彦
冬緒
灌木
望見

年	主な出来事	天皇の在位
養老元年（七一七）	第九次遣唐使派遣	元正天皇（在位七一五～七二四）
天平元年（七二九）	長屋王の変	聖武天皇（在位七二四～七二九）
天平六年（七三四）	第十次遣唐使派遣	
天平九年（七三七）	藤原四子が疫病（天然痘）によって全員死去	
天平十二年（七四〇）	藤原広嗣の乱	
天平十三年（七四一）	国分寺建立の詔	孝謙天皇（在位七四九～七五八）
天平十五年（七四三）	墾田永年私財法を制定	
天平勝宝四年（七五二）	東大寺大仏の開眼供養	
天平宝字元年（七五七）	橘奈良麻呂の変	
天平宝字五年（七六一）	第十二次遣唐使派遣	淳仁天皇（在位七五八～七六四）
天平宝字八年（七六四）	恵美押勝の乱	
神護景雲三年（七六九）	道鏡事件	称徳天皇（在位七六四～七七〇）
宝亀六年（七七五）	第十六次遣唐使派遣	
宝亀十一年（七八〇）	伊治呰麻呂の乱	

宝亀元年（七七〇）	阿倍仲麻呂死去	光仁天皇（在位七七〇～七八一）
宝亀三年（七七二）	光仁天皇皇后井上内親王が呪詛に連座し、他戸王ともに廃される	
天応二年（七八二）	氷上川継の変	桓武天皇（在位七八一～八〇六）
延暦三年（七八四）	長岡京に遷都	
延暦四年（七八五）	藤原種継暗殺事件	
延暦十三年（七九四）	平安京に遷都	
延暦二十三年（八〇一）	空海、最澄、橘逸勢ら入唐	
大同二年（八〇七）	伊予親王の変	平城天皇（在位八〇六～八〇九）
大同四年（八〇九）	平城太政天皇、平城京に移る	嵯峨天皇（在位八〇九～八二三）
弘仁元年（八一〇）	蔵人所を設置、藤原冬嗣（北家）、巨勢野足を蔵人頭にする 平城太上天皇の変（薬子の変）	
弘仁七年（八一六）	検非違使設置	
弘仁十一年（八二〇）	弘仁格式撰進	
		淳和天皇（在位八二三～八三三）
承和五年（八三八）	最後の遣唐使派遣	仁明天皇（在位八三三～八五〇）
承和九年（八四二）	承和の変	

第二章

『日本後紀』に見える薨卒伝

平凡な名門貴族が右大臣に上り詰めた裏事情

藤原継縄

藤原氏の「嫡子の嫡子の嫡子」

まずは『続日本紀《しょくにほんぎ》』の次に編纂された『日本後紀《にほんこうき》』の、延暦《えんりゃく》十五年（七九六）七月乙巳条（十六日）から見てみよう。亡くなったのは、藤原継縄《つぐただ》という人物である。

『日本後紀』は承和《じょうわ》七年（八四〇）に完成した、『続日本紀』に次ぐ勅撰の国史。もとは四十巻で、延暦十一年（七九二）から天長《てんちょう》十年（八三三）までの四十一年余りを収録していたが、現存するのは桓武《かんむ》紀四巻、平城《へいぜい》紀二巻、嵯峨《さが》紀四巻の合わせて十巻で、淳和《じゅんな》紀は一巻も残存しない。欠失している部分は、『類聚国史《るいじゅうこくし》』や『日本紀略《にほんきりゃく》』によって、またその他の諸書に引用されている逸文によって、ある程度補うことができる。

右大臣正二位兼行皇太子傅《こうたいしふ》中衛大将《ちゅうえたいしょう》藤原朝臣継縄が薨去《こうきょ》した。使を遣わして葬儀の監護にあたらせ、必要とする葬具を官から支給した。詔《みことのり》して従一位を贈った。継縄は右大臣従一位豊成《とよなり》の第二子である。天平宝字《てんぴょうほうじ》の末に従五位下を授けられ、信濃守《しなののかみ》に任じられた。天平《てんぴょう》神護《じんご》の初めに従五位上に叙され、次いで従四位下を授けられ、参議《さんぎ》に任じられた。宝亀《ほうき》二年には正四位上に叙され、十一月に従三位を授けられ、大蔵卿《おおくらきょう》、左兵衛督《さひょうえのかみ》を歴任し、急に中《ちゅう》納言《なごん》に任じられた。天応《てんおう》元年に正三位を授けられた。延暦二年に大納言《だいなごん》に転任した。延暦五年に従二位に叙され、中衛大将を兼任し、延暦九年に右大臣《うだいじん》に任じられ、正二位を授けられた。右大臣に在任すること七年。薨去した時は七十歳。継縄は文武《ぶんぶ》の官を歴任して、朝臣《ちょうしん》の首座《しゅざ》の重職に就いた。曹司《ぞうし》（役所）に詰める一方で、時に朝座《ちょうざ》で政務に従事した。謙《へりくだ》り慎み深い態度で自制した。政績《せいせき》ありとの評判はなく、才識《さいしき》も無かったが、世の批判を免れることができた。

これだけ読むと、いかにも平凡な名門貴族が出世して大臣の座に上りつめ、長寿を全うして他界したかのように考えられる。

しかしながら、なかなかそう単純な話ではない。継縄は藤原氏の嫡流である南家の出身で

- 不比等
  - 武智麻呂
    - 豊成（右大臣）
      - 武良自（丹後守）
      - **継縄（右大臣）**
        - 真葛（治部卿）
        - 乙叡（中納言）
      - 乙縄（参議）
      - 縄麻呂（中納言）
    - 仲麻呂（大師）
      - 真従（中務少輔）
      - 真先（参議）
      - 朝獦（参議）
      - 訓儒麻呂（参議）
      - 小湯麻呂
      - 刷雄（上総守）
      - 薩雄（右虎賁率）
      - 辛加知（越前守）
      - 執棹（美濃守）
    - ○
    - 乙麻呂（武部卿）
      - 是公（右大臣）

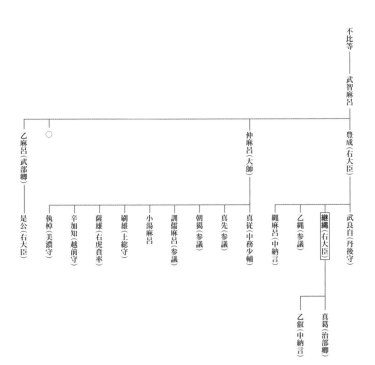

ある。不比等《ふひと》の嫡子であった武智麻呂《むちまろ》長子の豊成《とよなり》の第二子ではあるが、豊成の長子である武《む》良自《らじ》は丹後守《たんごのかみ》で終わっているから、早世した、あるいは出家したものと思われる（良因《りょういん》という名が伝わる）。つまりその時点では継縄は、藤原氏の嫡子の嫡子の嫡子ということで、輝かしい権力の座が約束されていたのである。

父や弟の失脚にも咎められず

しかし、豊成は右大臣に上って政権首班ではあったが、同母弟である仲麻呂《なかまろ》が光明《こうみょう》皇太后と組んで権力を握っていて、その権力は弱体化していた。しかも、天平宝字元年（七五七）の橘奈良麻呂《たちばなのならまろ》の変に連坐して、大宰員外帥《だざいのいんがいのそち》に左降されてしまった（ただし、病と称して難波《なにわ》に引き籠った）。弟である権臣の仲麻呂暗殺を含む謀反の計画を知りながら、最高責任者として奏上を行なわず、奈良麻呂一味の尋問にも手心を加えていたという理由である。三男の乙縄《おとなわ》も日向員外掾《ひゅうがのいんがいのじょう》に降された（倉本一宏『奈良朝の政変劇』）。この時点でなぜ、継縄が何の咎めもなかったのかは不明である。

後に豊成は、天平宝字八年（七六四）に仲麻呂（恵美押勝《えみのおしかつ》）の乱の最中に右大臣に復帰した。しかし豊成には、称徳女帝《しょうとく》（と道鏡《どうきょう》）政権下で積極的に政事に関与する意欲もなく、二年後の天平神護二年（七六六）に死去している。

継縄は天平宝字七年（七六三）に叙爵され、仲麻呂の乱の後、信濃守や越前守に任じられた。天平神護二年に豊成が死去すると、継縄は七月に参議に任じられた。南家の嫡流としての議政官補充なのであろう。その後、宝亀十一年（七八〇）二月に中納言に昇任したが、三月二十八日、陸奥《むつ》国で伊治呰麻呂《これはりのあざまろ》の乱が勃発した。律令政府はすぐさま、征討軍を編制し、継縄を征東大使《せいとうたいし》、大伴益立《ましたて》・紀古佐美《こさみ》を副使《ふくし》に任じた。

華々しく編制された征討軍であったが、大使の継縄は結局、下向することはなかった。また、陸奥に進発した副使の益立も、五月八日に至ってようやく奏上をおこない、「且つは兵《ひょう》粮《ろう》を準備し、且つは賊の様子を伺い、今月下旬を期して国府に進み入り、その後、機を見て乱れに乗じ、恭《つつし》んで天誅《てんちゅう》をおこなおうと思います」と言上してきた。光仁《こうにん》天皇がこれに怒ったのは、言うまでもない（倉本一宏『内戦の日本古代史』）。

桓武天皇との意外なつながり

「蝦夷」の征討には何の役にも立たなかった継縄であったが、桓武天皇の延暦二年(七八三)七月には、大納言に昇任した。

実は継縄の昇進には、裏の事情があったのである。継縄の妻百済王《くだらのこにきし》明信《みょうしん》は百済王氏の人で、百済王義慈《ぎじ》王の末裔である。そのためもあろうか、同じく百済の武寧《ぶねい》王の末裔を称する和《やまと》(高野《たかのの》)新笠《にいがさ》を生母に持つ桓武天皇からの個人的信頼が厚かった。桓武が継縄の邸に訪れることもしばしばであり、その際に継縄が百済王氏一族を率いて百済楽を演奏させたこともあった。そしてあろうことか、明信は桓武の寵愛《ちょうあい》を受けるという「内助の功」を発揮した。このことは、明信が(たぶん)継縄との間に産んだ乙叡《たかとし》の薨伝に記されている。継縄は延暦九年(七九〇)に右大臣に任じられ、太政官首班の座に立つが、それにはこういった背景があったのである(倉本一宏『藤原氏』)。

そして延暦十五年、継縄は死去した。最初に掲げた薨伝は、その時のものである。

それに先立つ延暦十三年(七九四)十月、新都への遷都が行なわれ、十一月に平安京と名付けられた。遷都にともなう任官によって、藤原北家の内麻呂《うちまろ》が参議に任じられた。この内麻呂の妻である百済永継《くだらのながつぐ》も、女孀《めのわらわ》として桓武の寵愛を受けていた。内麻呂と永継の間に生まれたのが冬嗣《ふゆつぐ》、摂関家の祖となる人物である。

朝廷の公式歴史書にまで書かれた宮中の噂の真相

善珠

大変な「民間の噂」とは

次は『扶桑略記《ふそうりゃっき》』に引かれた『日本後紀《にほんこうき》』巻六の逸文で、延暦《えんりゃく》十六年（七九七）四月丙子条（二十一日）である。善珠《ぜんじゅ》という僧の卒伝が載せられている。

僧正《そうじょう》善珠が卒去した。行年七十五歳。皇太子安殿《あて》親王（後の平城《へいぜい》天皇）が善珠の肖像を描き、秋篠寺《あきしのでら》に安置された。皇太子が病気の時、大般若経《だいはんにゃきょう》を読誦《どくじゅ》して、霊妙な効験《こうげん》をもたらし、抽賞して僧正に任じられた。法師は俗姓《ぞくせい》が安都宿禰《あとのすくね》で、京の人である。民間の噂が有って、「僧正玄昉《げんぼう》は太皇太后《たいこうたいごう》藤原宮子《みやこ》と密通した。善珠法師は実はこれは、その息子である」と云うことだ。善珠は師を求めて研鑽《けんさん》したが、遅鈍《ちどん》で学問を身につけることができなかった。しかし、はじめ唯識論《ゆいしきろん》を読み、反復すること無数であった。そしてついに三蔵《さんぞう》（経蔵《きょうぞう》・律蔵《りつぞう》・論蔵《ろんぞう》のことで、仏教典籍《てんせき》の総称）の奥深い教理《きょうり》を理解し、六宗（三論宗・成実宗・法相宗・倶舎宗・華厳宗・律宗）の奥深い教理を理解し、教理や学説に通暁するようになった。「大器晩成」とは、考えるとこのような人のことを言うのであろう。

さっと読み過ごすと、偉い坊さんがいたものだなあと思うだけであるが、よく読んでみると、大変な「民間の噂（流俗の言）」が記録されている。何とこの善珠は、文武《もんむ》天皇の夫人《ぶにん》で首《おびと》皇子（後の聖武《しょうむ》天皇）の生母であった藤原宮子と僧玄昉との密通によって生まれたというのである。

三十七歳にして母と初対面した聖武天皇

文武天皇は皇后も立てず、所生の皇子女は公式には首皇子しかいなかった。藤原不比等《ふひと》をはじめとする藤原氏が、大宝《たいほう》元年（七〇一）に生まれた首皇子を全力を挙げて後見《こうけん》しているなか、このような噂を正史（朝廷の公式な歴史書）に載せてしまってもよいものなのだろうか。

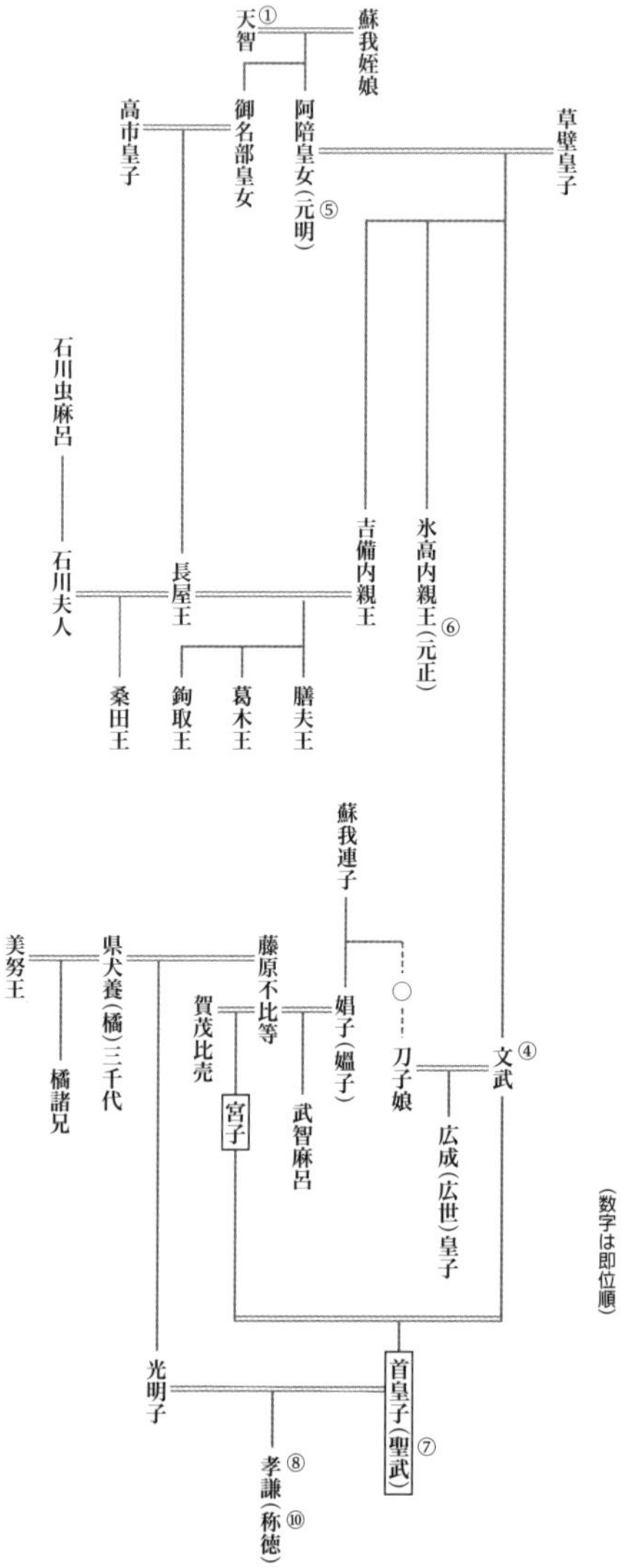
蘇我姪娘
天智①
草壁皇子
阿陪皇女(元明)⑤
御名部皇女
高市皇子
氷高内親王(元正)⑥
吉備内親王
長屋王
石川虫麻呂
石川夫人
膳夫王
葛木王
鉤取王
桑田王
蘇我連子
○
刀子娘
文武④
広成(広世)皇子
娼子(媼子)
藤原不比等
武智麻呂
賀茂比売
宮子
県犬養(橘)三千代
美努王
橘諸兄
首皇子(聖武)⑦
光明子
孝謙⑧(称徳)⑩
(数字は即位順)

宮子は、首皇子を産んだ後、いわゆる「産後鬱《うつ》」となってしまい、引きこもり状態となってしまっていた。天平《てんぴょう》九年（七三七）十二月二十七日にいたって、宮子は遣唐学問僧として渡唐し、数々の医術を習得していた玄昉の治療を受け、治癒したとある。生まれて以来、はじめてその生母と対面した三十七歳の聖武天皇の慶びは、想像に余りある。『続日本紀《しょくにほんぎ》』はこう語っている。

この日、皇太夫人藤原氏（宮子）は、皇后宮に赴いて、僧正玄昉法師を見た。天皇もまた、皇后宮に行幸された。皇太夫人は、幽憂《ゆうゆう》に沈んで、久しく人事を廃していた為に、天皇を生誕されてから、一度も会うことはなかった。法師は一たび看て、慧然《けいぜん》として開晤《かいご》（正常な状態に戻すこと）した。ここに至って、たまたま天皇と会見することができた。天下で、慶《よろこ》びを賀《ことほ》がない者はなかった。そこで法師に絁《あしぎぬ》一千匹、綿一千屯、糸一千絇、布一千端を施した。また、中宮職《ちゅうぐうしき》の官人六人に位を賜わったことは、各々差が有った。亮《すけ》従五位下下道朝臣真備《しもつみちあそんまきび》に従五位上を授けた。少進《しょうしん》外従五位下阿倍《あべ》朝臣虫麻呂《むしまろ》に従五位下。外従五位下文忌寸馬養《ふみいみきうまかい》に外従五位上。

この年、いわゆる藤原四子が疫病（天然痘）によってすべて死去し、橘諸兄《たちばなのもろえ》政権が誕生していた。そのブレインとなったのが、ここにも見える下道（後に吉備）真備と、玄昉という、共に唐で勉学に励んだ二人である。八月二十六日には、玄昉は僧正に上っている。

ここで玄昉が宮子を「見た」というのは、もちろん、看病、治療したという意味なのであるが、古代においては、男女が直接に姿を見るというのは、性的な意味を持つこともある。そういった誤解（曲解）と、すぐに精神的な病が癒えたことの不可思議さが相まって、二人の密通という噂が流れたのであろう。

二人の密通を語る史料は、他にも後世の『扶桑略記』や『元亨釈書《げんこうしゃくしょ》』にも見えるが、平安初期の『日本霊異記《にほんりょういき》』には、善珠の母は跡《あと》（阿刀）氏としている。また、後の称徳《しょうとく》天皇（聖武天皇と光明子《こうみょうし》との間に生まれた女帝）と道鏡《どうきょう》との関係（これも単なる噂に過ぎないのだが）のイメージが重なって、このような噂が伝わってしまったのであろう。

それにしても、「遅鈍で学問を身につけることができなかった」うえに、こんな噂まで語られていた善珠が、よくも研鑽を積んで立派な学問を修めることができたものよと、千二百年の時を超えて、喝采を贈りたい。「大器晩成」というのは、私も人生の大きな目標なのであるが、私の場合は、いまだに道筋も見えない。

朝廷からも重宝された「帰国子女」の正体

羽栗翼

唐からの帰国子女

お次は少し趣向を変えて、国際的な話をすることにしよう。七世紀から九世紀にかけて、十数回にわたって遣唐使が派遣されていたことは有名であるが、今回はその関係者の物語である。

『類聚国史《るいじゅうこくし》』に引かれた『日本後紀《にほんこうき》』巻七の延暦《えんりゃく》十七年（七九八）五月丙午条（二十七日）である。

「正五位下羽栗《はぐり》臣翼《つばさ》が卒去した」と云うことだ。父吉麻呂《よしまろ》は、霊亀《れいき》二年に留学生《るがくしょう》阿倍《あべ》朝臣仲麻呂《なかまろ》の従者となって渡唐した。唐の女性を娶って、翼と翔《かける》の二人の息子を得たのであった。

翼は十六歳の時、天平《てんぴょう》六年に父に随って帰国し、聡明であるとの評判を得た。各方面に通じていたが、出家して僧となった。すぐに学業において進歩を見せ、朝廷はその才能を惜しんで還俗《げんぞく》させ、特別に得度《とくど》の枠二人分を賜わった。

霊亀二年（七一六）に任命され、翌養老《ようろう》元年（七一七）に発遣された第九次遣唐使には、留学生として阿倍仲麻呂が同行していた。吉備真備《きびのまきび》や玄昉《げんぼう》が渡唐したのも、このときの遣唐使であった。

ちなみに私は、昭和《しょうわ》五十三年（一九八三）に結婚したが、新婚旅行で当時は渡航する人は珍しかった中国に行った。出発の前日に成田空港近くに泊まったのであるが、その夜、遣唐使になった夢を見たのであった。第何次の遣唐使だろうと思って辺りを見渡すと、吉備真備がいたので、第九次であるとわかったのである。ただ、何故にその人が真備であったと認識したのかは、いまだにわからない。円仁《えんにん》の『入唐求法巡礼行記《にっとうぐほうじゅんれいこうき》』に、黄河が近付くと海の色が黄色くなり、唐が近いことを知ったという記述があるが、私も飛行機から海の色が黄色くなっているのを見て、ひどく感動したものである。

さて、仲麻呂自身は唐で科挙《かきょ》という高級官吏登用試験に合格し、高官に出世したものの、結局は何度もの帰国の航海に失敗し、宝亀《ほうき》元年（七七〇）に七十三歳で客死することになる。なお、唐では高官に上った仲麻呂であるが、日本における地位はあくまで留学生であり、給料は支給されなかった。実際の死去からかなり経って、日本では仲麻呂の死を知ることになるが、朝廷から葬式の費用は支給されなかった。遺族は朝廷に対し、葬儀費用の支給を願い出ている。

それに対し、天平勝宝《てんぴょうしょうほう》四年（七五二）に仲麻呂を帰国させるために唐に派遣された第十二次遣唐使の大使である藤原清河《きよかわ》は、同じく帰国することなく、唐で客死するのであるが、彼は今でいう「海外出張」を続けていたことになり、勤務を続けているという扱いを受けた。日本において、位階は勝手に従三位まで昇叙され、官位相当制によって、参議の地位に上った。死去が明らかになると、従一位が贈られた。

ただし、仲麻呂が中国語を自由に駆使して唐で高官として不自由なく生活していたのに対し、清河はあくまで外国人の使節として不自由な生活を続けていたことであろう。どちらが幸福であったかは、一概には決められない問題である。

日本への思いが込められた名前

話を戻すが、仲麻呂には、羽栗吉麻呂という従者が付き従っていた。留学生の従者であるから、さして地位の高い人物ではなかったはずである。羽栗氏は春日《かすが》氏の一族で、氏の名は山城国久世郡羽栗郷（現京都府久世郡久御山町佐山付近）に因む。

かつて春日氏は名族であったが、この時代にはすっかり逼塞してしまっていた。この吉麻呂が何と中国の女性と結婚し、翼と翔という二人の息子を得たのである。吉麻呂もすぐに中国語を習得したのか、はたまた仲麻呂の仲立ちがあったのかは、定かではない。

ともあれ、翼とか翔とかいう名の付け方に、一介の従者である吉麻呂の望郷の想いが込められていると考えられたのは、一代の碩学・青木和夫先生である（『日本の歴史三 奈良の都』）。実は先に述べた私の中国渡航の年である一九八三年、非常勤講師として遣唐使の講義を担当されていた青木先生の講義に、私は大津透・春名宏昭氏と共に、たった三人の受講生の一人として参加していた。講義でも先生はこの話をされ、よほどこの話がお好きなのだなあと感動したものである。

吉麻呂は天平六年（七三四）、次の第十次遣唐使に従って帰国した。吉備真備と玄昉も、勉学を終えて帰国している。この時の遣唐使は第一船のみが無事に日本に到ったのだが、彼らは幸運にも第一船に乗せられていたので、日本の地を踏むことができたのである。なお、仲麻呂は唐における官途を求めて残留した。日本に帰るよりも唐での方が出世が見込めると考えたのか、本場の文化に浸っていたいと考えたのか、はたまたこちらも唐に女性がいたのかは、わからない。

兄弟のその後

吉麻呂の子である翼と翔も、父吉麻呂に随って帰国した。翼が十六歳の年であった。なお、翔は天平宝字《てんぴょうほうじ》五年（七六一）に発遣された第十二次遣唐使に遣唐録事として渡唐したことが見える。ただし、「その録事羽栗翔は河清《かせい》（藤原清河）の所に留まって帰らなかった」とあり、結局は唐で一生を終えたようである。生母と共に暮らしたかったのか、それともこちらも唐の女性と結婚したのであろうか。後に開成《かいせい》五年（八四〇）、円仁が唐の登州開元寺《とうしゅうかいげんじ》を訪ねた際、仏像の左右に願主の名が「録事正六位上羽豊翔」と記されていたのが、この翔であったと考えられている。

翼の方は唐において、日本語も話していたものと思われ、日本における生活や勉学にも不自由を来たさなかった。聡明であるとの評判を得て、各方面に通じていたが（本場で生まれ育ったのだから、当然であるが）、何故か出家して僧となった。この間の翼の心の動きは、残念ながらわからない。日本での官人としての出身を望まず、仏道に進もうとした点に、帰国子女の悩みが存在したものかもしれない。

翼は学業に進歩し、朝廷はその才能を惜しんで還俗させた。得度二人分を賜わったというのは、仏教界への置き土産だったのであろうか。その後、翼は職務に精練し、正七位上大外記に至った。

そして宝亀六年（七七五）の第十六次遣唐使に外従五位下で遣唐録事に任じられ、すぐに遣唐准判官に昇進した。この時の遣唐使は辛苦を重ねながらも唐に到達した。安史の乱による混乱で長安《ちょうあん》に入る人数を制限されたが、翼はその中に選ばれた。母親の女性や弟の翔と再会を果たせたかどうかは不明である。

この際、翼は揚州《ようしゅう》において、昆解宮成《こんけのみやなり》という男が十年前に、丹波《たんば》国で採れたと称して献上した鉱物（自称「白鑞《しろなまり》」）を鑑定してもらい、「鈍隠《どんおん》」という結果を得た。私鋳銭（偽金）を作る際に用いるというので、とんだ恥をかかされたことになる。

また、帰国後に『宝応五紀暦経《ほうおうごきれききょう》』を朝廷に献上し、唐ではすでに大衍暦《たいえんえき》が廃止され、五紀暦が採用されていることを報告している。

その後、宝亀七年（七七六）に勅旨大丞、天応《てんおう》二年（七八二）に丹波介、延暦五年（七八六）に内薬正兼侍医、延暦七年（七八八）に兼左京亮、延暦八年（七八九）に兼内蔵助と、数々の官を歴任し、位階も正五位上、姓も朝臣に至った。

そして冒頭に挙げた延暦十七年に卒去したのである。行年、実に八十歳であった。この間、唐に馳せる思いは、いかなるものだったであろうか。

小雁塔（西安）

優秀な遣唐僧が東大寺の僧に怒られた意外な理由

行賀

唐で実力をつけた僧・行賀

続けて遣唐使関係の人物を紹介しよう。また僧の話であるが、前に紹介した僧正善珠《ぜんじゅ》とは、随分と趣きが異なる。

それは行賀《ぎょうが》という僧の物語で、『扶桑略記《ふそうりゃくき》』に引かれた『日本後紀《にほんこうき》』巻十一の逸文、延《えん》暦《りゃく》二十二年（八〇三）三月己未条（八日）である。

大僧都《だいそうず》伝燈大法師位行賀が卒去した。行年七十五歳。俗姓は上毛野公《かみつけの》、大和国広瀬郡の人である。十五歳の年に出家し、二十歳で具足戒《ぐそくかい》を受け、二十五歳の年、入唐留学僧《にっとうるがくそう》となった。唯識《ゆいしき》・法華《ほっけ》両宗を学び、唐に三十一年間、滞在した。唯識・法華両宗を学んだ。帰国した日

に、その学問を試みることとなった。東大寺《とうだいじ》僧明一《みょういつ》が難しい宗義を問うたところ、はなはだ惑い、解答することができなかった。明一がすぐに罵《ののし》って云ったことには、「日本と唐の両国で生活の費糧を受けながら、学識は浅はかである。どうして朝廷の期待に背き、学問を身につけて帰らなかったのか」と。法師行賀は大いに恥じ、とめどなく涙を流した。これは長らく異郷に住み、ほとんど日本語を忘れたためであった。千里の長途を行く者にとり、一度躓《つまず》いたところでどうしてたいしたことがあろうか。深林にわずかな枯れ枝があっても、どうして影が薄くなることがあろうか。行賀に学問がないとすれば、どうして在唐時代に百人もの僧侶が講説《こうせつ》・論義《ろんぎ》を行なう場で第一位の座に着くことができたであろうか。『法華経《ほっけきょう》疏《しょ》』『弘賛略《ぐさんりゃく》』『唯識僉議《ゆいしきせんぎ》』など四十余巻があるが、これはつまり行賀法師が添削したものである。また、仏教経典や論疏《ろんそ》五百余巻を書写してもたらした。朝廷はそれにより弘く利益することを喜び、僧綱《そうごう》に任じた。詔を下して門徒三十人を付し、学業を伝えさせることにした。

延暦二十二年（八〇三）で数え年七十五歳というのであるから、天平《てんぴょう》元年（七二九）の生まれということになる。上毛野公の出身である。先祖は上野国《こうずけ》（現群馬県）の豪族だったのであろうが、上毛野氏は早い時期から大和国に地盤を有していた。

天平十五年（七四三）に十五歳で出家したというから、今で言うと中学生くらいである。二十五歳の年に入唐留学僧となったというのは、天平勝宝《てんぴょうしょうほう》五年（七五三）であるから、第十二次遣唐使の際であった。今で言うと大学の学部生か修士の大学院生くらいであろうか。

先に述べた羽栗翔《はぐりのかける》が遣唐録事として発遣された際のものである。ちなみに、大使が藤原清河《きよかわ》、副使が吉備真備《きびのまきび》と大伴古麻呂《おおとものこまろ》であった。彼らは天宝《てんぽう》十二年（七五三）正月に長安の大明宮で行なわれた朝貢諸国使節による朝賀に出席し、日本の席次が（当時は日本が朝貢国であると主張していた）新羅《しんら》より下位にあったことを抗議し、席次を交換させた（と古麻呂が帰国後に主張した）。なお、一行は十一月に四隻で帰路に就いたが、第一船の清河は鑑真《がんじん》を同行させることを拒否し、第二船の古麻呂が鑑真を乗船させた。結局、第一船に乗った清河と阿倍仲麻呂《あべのなかまろ》は安南《あんなん》（現ベトナム中部）に漂着し、第二船に乗った鑑真は、屋久島・薩摩国を経由して来朝することができた。

ただし古麻呂は藤原仲麻呂《なかまろ》に対抗する橘奈良麻呂《たちばなのならまろ》と連携して、天平宝字《てんぴょうほうじ》元年（七五七）に「奈良麻呂の変」で獄死（「杖下に死ぬ」）することとなる。第三船に乗った吉備真備は紀伊国に漂着し、天平宝字八年（七六四）に恵美押勝《えみのおしかつ》（藤原仲麻呂）を倒すこととなる。

さて、行賀は唐に三十一年間も滞在し、唯識・法華両宗を学んだ。在唐中、百人の僧が講説・論義を行なう場において、第二位の座に着くほどの実力を付けた。そして『法華経疏』『弘賛略』『唯識僉議』など四十余巻を添削し、仏教経典や論疏（註釈書）五百余巻を書写して、帰国時にもたらした。航海中に嵐に見舞われると、まず経典類を海に捨て、それでも収まらないと僧を海中に投じるので、これらの書と共に行賀が帰国することができたのは、まことに幸運なことであった。

行賀を襲った悲劇

ところがその行賀を、思わぬ悲劇が襲うこととなる。帰国した日に学問の試問を受けた行賀は、東大寺僧の明一が問うた難しい宗義について、はなはだ惑ってしまい、解答することができなかったのである。明一は行賀を罵って、「日本と唐の両国で生活の費糧を受けながら、学識は浅薄である。どうして朝廷の期待に背き、学問を身につけて帰らなかったのか」と言った。行賀は大いに恥じて、とめどなく涙を流した。

これだけ読むと、外国留学中に遊び呆けていて、てんで勉強しない馬鹿な国費留学生を思い浮かべるが（私などは具体的な名前まで浮かんでくる）、実は行賀の場合は、そうではない。

長らく異郷に住んで、（本場の漢語で）勉学に励んだせいで、ほとんど日本語を忘れたためなのであった。他人、特に日本人との交流を避け、暗い僧房で黙々と勉学に励む姿が目に浮かぶ。今でも、長い留学生活の後に帰国して、外国語を話すのは上手いが、日本語が不自由な人は、ときおり見かけるが（そういう人の外国語が本当に上手いのか、私には判断できないのだが）、行賀ははるかに徹底していたのであろう。

行賀が詰《なじ》られた出来事は、単なる話術の問題で、その能力と関連するものではないのである。現在でも、学問は立派だが、話術がてんで駄目で、講義や講演で何を言っているかわからない学者が大勢いるが（話術は立派だが学問が駄目な奴とか、学問も話術も駄目な連中よりは、はるかに素晴らしいのだが）、行賀も帰国直後で、明一の問いに対応できなかったのであろう。しかし、朝廷は行賀を見捨てることはなかった。行賀を僧綱（僧正《そうじょう》・僧都・律師《りっし》からなる僧官）に任じ、詔を下して門徒三十人を付けて、学業を伝えさせることにしたのである。最終的には、行賀は僧綱大僧都伝燈大法師位にまで至っている。その学問を正当に評価した、まことに爽やかな気分となる措置である。

なお、行賀を詰った明一は東大寺の上座《じょうそ》を務める高僧であったが、晩年に妻帯して名声を失ったと伝わる。

天皇の外戚で大出世、人柄で愛された渡来系官人

和家麻呂

百済系氏族が生母の桓武天皇

今回は趣向を変えて、渡来系のある人物を紹介することとしよう。『日本後紀《にほんこうき》』巻十二の延暦《えんりゃく》二十三年（八〇四）四月辛未条（二十七日）に載せられた。和家麻呂《やまとのいえまろ》という人物である。

中納言従三位和朝臣家麻呂が薨去した。詔して従二位大納言を贈った。家麻呂は、贈正一位高野《たかの》朝臣弟嗣《おとつぐ》の孫である。その先祖は百済《ひゃくさい》国の人である。人となりは木訥《ぼくとつ》で才学は無かったが、帝（桓武《かんむ》天皇）の外戚であったので、特に抜擢されて昇進した。蕃人（渡来系）で公卿となったのは、家麻呂から始まった。人臣として過分の出世をしたが、天から授かった才質

は不十分であったと称さなければならない。顕職についていても、旧知の人に会うと、身分の低い人であっても嫌わず、手を握って語り合った。これを見た者は感じ入った。行年は七十一歳。

宝亀《ほうき》元年（七七〇）に未婚の女帝であった称徳《しょうとく》天皇（阿倍《あべ》内親王）が死去すると、天武系の皇親は一人も残っていないという状況に陥ってしまっていた。幾度となく繰り返された「奈良朝の政変劇」によって、数多くの皇親は葬られ、生き残った者も臣籍に降下したり出家したりして、皇位継承権を放棄してしまっていたのである（倉本一宏『奈良朝の政変劇』）。

やむなく式家を中心とする藤原氏は、聖武《しょうむ》皇女の井上《いのうえ》内親王と結婚して他戸《おさべ》王を儲けていた天智《てんじ》孫王に過ぎなかった白壁《しらかべ》王を立太子させ、ついで即位させた。光仁《こうにん》天皇の誕生である。父も母も即位していない他戸王に直接皇位を継承させることは無理があり、他戸王への中継ぎとして、いったん老齢の白壁王を立て、皇太子となった他戸親王に、適当な時期に譲位させるつもりだったのであろう。

ところが、宝亀三年（七七二）、皇后井上内親王が呪詛に連坐して廃されるという事件が起こり、皇太子他戸も、その地位を追われて、庶人とされた。

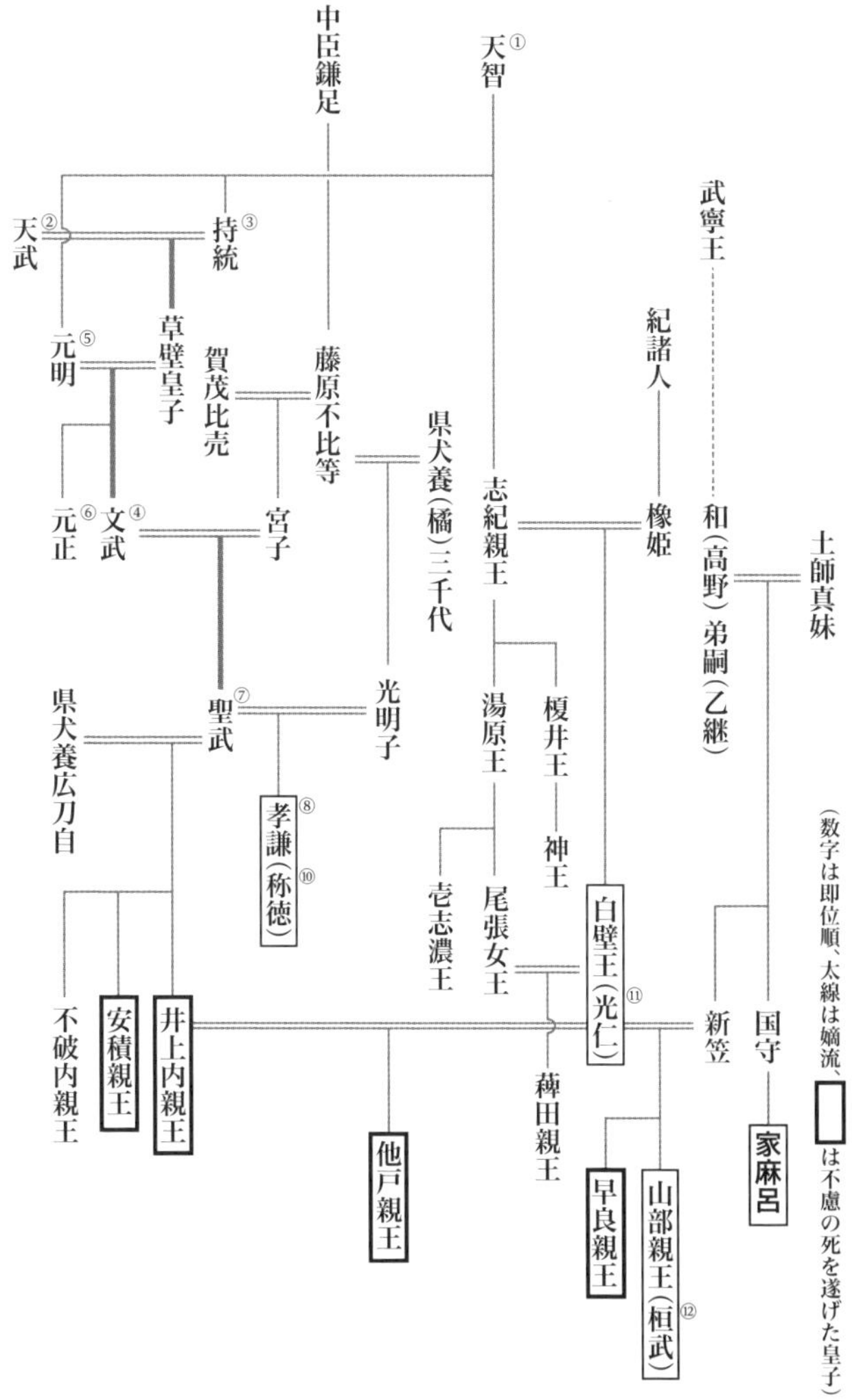

天智①
中臣鎌足
天武②
持統③
草壁皇子
元明⑤
賀茂比売
藤原不比等
県犬養(橘)三千代
元正⑥
文武④
宮子
志紀親王
紀諸人
橡姫
武寧王
和(高野)弟嗣(乙継)
土師真妹
聖武⑦
光明子
県犬養広刀自
湯原王
榎井王
孝謙(称徳)⑧⑩
神王
壱志濃王
尾張女王
白壁王(光仁)⑪
新笠
国守
不破内親王
安積親王
井上内親王
他戸親王
薭田親王
早良親王
山部親王(桓武)⑫
家麻呂
(数字は即位順、太線は嫡流、□は不慮の死を遂げた皇子)

そして翌宝亀四年（七七三）正月、山部《やまべ》親王が皇太子に立てられたのである。山部は光仁の第一皇子ではあったが、生母の和《やまと》（高野《たかのの》）新笠《にいがさ》は、武寧《ぶねい》王の末裔を称する百済系氏族の出身であった。もちろん、武寧王の子孫というのは疑わしいが、百済からの渡来系であることは確かであろう。いずれにせよ、これまでの天皇家（および大王家）の歴史をまったく逸脱した出自を持っていたのである。

なお、宝亀四年に大和《やまと》国宇智《うち》郡の没官された宅に幽閉されてしまった井上内親王と他戸とは、その二年後の宝亀六年（七七五）、同日に死去した。この死が尋常のものではなかったことは、当然である。

渡来系氏族として初の議政官就任

天応《てんおう》元年（七八一）、光仁が譲位して皇太子山部が即位した（桓武天皇）。皇統創始者としての意識が強かった桓武は、「軍事と造作」、つまり三度の「征夷」と二度の造都（長岡京と平安京）を遂行した天皇であった。

近い血縁の親族も少なかった桓武は、記録に残っているだけでも、二十六人の后妃から、合わせて十六人の皇子と十九人の皇女を儲けた。皇后藤原乙牟漏《おとむろ》（良継《よしつぐ》の女《むすめ》）や、妃酒人《さかひと》内親王（光仁天皇皇女）などはともかく、特筆されるのは、女御の百済 王 教法《くだらのこにきしきょうほう》、宮人の百済王教仁《きょうじん》・百済王貞香《ていか》・坂上又子《さかのうえのゆうし》・坂上春子《しゅんし》、女孺の百済永継《くだらのながつぐ》といった、多くの渡来系の女性に皇子女を産ませている点である（坂上氏は、元は東漢氏《やまとのあや》）。桓武にとって、自分の出自が百済系であったという事実は、大きなアイデンティティとなっていたのである（倉本一宏『皇子たちの悲劇』）。

また、桓武は生母である新笠の出身氏族である和氏の官人を高い地位に就けた。ミウチとしての行賞なのであろう。なお、和氏の名は、大和国城下郡大和郷（現奈良県天理市佐保庄町大和）に由来する。元は和史《ふひと》という姓であったが、光仁の即位にともなって、和弟嗣（乙継）と新笠に高野朝臣姓を賜わった。延暦二年（七八三）には乙継の子である国守《くにもり》たちも高野朝臣となっている。延暦九年（七九〇）には、皇太后が追贈された新笠の一周忌に際して、乙継に正一位を追贈している。和（高野）国守は、従五位上大蔵少輔で終わったが、それでもその出自から考えれば、異数の出世と言えるであろう。

その子（異伝もある）の家麻呂は、天平《てんぴょう》六年（七三四）の生まれ。従七位上という低い位階から出身したが、延暦五年（七八六）に一挙に従五位下という高位に上った。もちろん、桓武の推挽あってのことである。ただ、官職は微官に任じられることが多く、伊勢大掾・造酒正・造兵正・内廐助・美濃介・治部大輔・大和守・相模守と歴任した。

ところが、延暦十五年（七九六）、いきなり議政官である参議に抜擢された。まだ位階は従四位下に過ぎず、しかも年齢は六十三歳に至っていたのであるから、きわめて異例の人事であった。前年の延暦十四年（七九五）には、桓武は父方の近親（又従兄弟）の神王《みわ》と壱志《いちし》濃《の》王を中納言に抜擢しているから、親族重視策の一環として、母方のミウチである家麻呂も、議政官に上らせたのであろう。なお、渡来系氏族出身者として議政官に上ったのは、これが初例である。

家麻呂は、延暦十六年（七九七）に衛門督と兵部卿を兼任し、延暦十七年（七九八）には従三位中納言に上り（この年、神王が右大臣、壱志濃王が大納言に上っている）、延暦十八年（七九九）には治部卿、次いで中務卿を兼任し、延暦二十二年（八〇三）には宮内卿を兼任しているが、驚くのは、この間、相模守も引き続き兼ねているということである。

延暦二十二年には数えで七十歳、いきなり出世したのみならず、考えられないくらい激職を兼任していたのであるから、身体の方は大丈夫なのかと、他人事ながら心配していると、延暦二十三年（八〇四）に死去してしまったというのが、先に挙げた史料である。従二位大納言を贈られている。翌延暦二十四年（八〇五）に同じ渡来系の坂上《さかのうえの》田村《たむら》麻呂《まろ》が参議に任じられているのは、家麻呂の後継者という意味もあるのであろう。

私が感動するのは、その昇進と激務もさることながら、家麻呂の人となりである。「天から授かった才質は不十分であった」にもかかわらず、「過分の出世」をすると、人はいったい、どのような態度に出るのであろうか。

現他戸親王墓

世間には、何かの拍子に実力不相応の地位に就いた途端に威張り散らし、下の者を顎でこき使ったりする連中も多いと聞いているが、家麻呂は違っていた。「顕職についても旧知の人に会うと、身分の低い人であっても嫌わず、握手して語り合った」という態度を続け、「これを見た者は、感じ入った」とある。

異国に生きる道を探さなければならない渡来系独特の処世術と言ってしまえば身も蓋もないが、やはり若年時からの歩みが培った人徳というものなのであろう。人間というものは、かくありたいものである。

失態の原因は？政変に翻弄された藤原氏嫡流のエリート

藤原乙叡

父は右大臣に出世した継縄

今回は前回とは逆に、名門に生まれながらも、あまり感心できない人物を取り上げよう。先に挙げた藤原南家の嫡流である継縄《つぐただ》の嫡男、ということは藤原氏の嫡流として生まれた乙叡《たかとし》という人物である。『日本後紀《にほんこうき》』巻十七の大同《だいどう》三年（八〇八）六月甲寅条（三日）に載せられた薨伝は、次のような人生を語る。

散位《さんい》従三位藤原朝臣乙叡が薨去した。乙叡は右大臣従一位豊成《とよなり》の孫で、右大臣贈従一位継縄の子である。母は尚侍百済王明信《ないしのかみくだらのこにきしめいしん》で、桓武《かんむ》天皇の寵愛を受けた。乙叡は父母の故に頻りに顕職を歴任し、中納言に至った。生まれつき頑《かたく》なところがあり、妾を好んだ。山水の好

地に多くの別荘を建て、女性と一緒に連夜、泊まることがあった。平城《へいぜい》天皇が皇太子の時、乙叡は宴席で近くに坐り、酒を吐いて不敬に及んだことがあった。天皇はこのことを根に持ち、後に伊予《いよ》親王の事件の際に連坐した。免されて邸に帰った後、自分に罪の無いことを知り、不満のまま死去した。時に行年四十八歳。

先にも述べたように、乙叡の生母である百済王明信は、桓武天皇の寵愛を受けるという「内助の功」を発揮し、これによって継縄は右大臣に上るという出世を遂げた。この二人の間に天平宝字《てんぴょうほうじ》五年（七六一）に生まれた乙叡も、はじめは藤原氏の嫡流として、順調に昇進していった。宝亀《ほうき》九年（七七八）に十八歳で内舎人、延暦《えんりゃく》元年（七八二）に二十二歳で兵部少丞に任じられたというのは、藤原氏の嫡流として、至極順当な歩みであったと言えよう。桓武と明信の関係がいつごろから始まったのかは、知る由もないが、継縄が大納言に昇任したのが延暦二年（七八三）であったことを考えると、あるいはこの頃であったものか。

そして乙叡も、延暦三年（七八四）に二十四歳で従五位下に叙され、侍従に任じられた。延暦五年（七八六）に従五位上に昇叙され、少納言に任じられ、延暦六年（七八七）に右衛士佐・中衛少将、延暦八年（七八九）に大蔵少輔、延暦九年（七九〇）に兵部大輔兼右兵衛

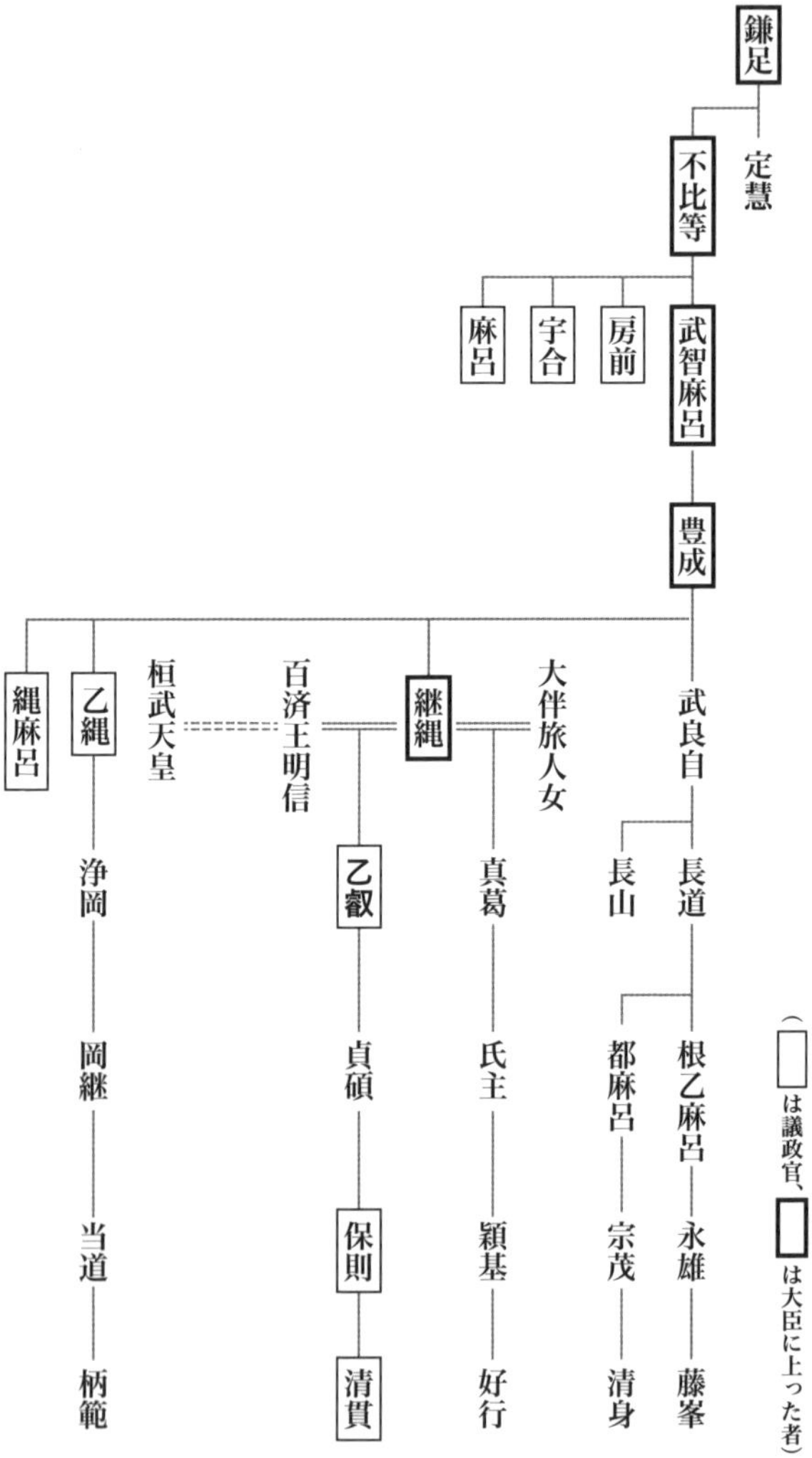
鎌足
定慧
不比等
武智麻呂
房前
宇合
麻呂
豊成
武良自
大伴旅人女
継縄
百済王明信
桓武天皇
乙縄
縄麻呂
長道
長山
根乙麻呂
永雄
藤峯
都麻呂
宗茂
清身
真葛
氏主
穎基
好行
乙叡
貞碩
保則
清貫
浄岡
岡継
当道
柄範
（ は議政官、 は大臣に上った者）

督、延暦十二年（七九三）に左京大夫と、まさに薨伝が述べるように、「頻りに顕職を歴任」した。それを「父母の故に」と表現しているのは、なかなかに皮肉なものである。

そして延暦十三年（七九四）に三十四歳で参議に上り、ついに父継縄と共に議政官に並んだ。延暦十六年（七九七）には中衛大将、延暦十八年（七九九）には兵部卿をそれぞれ兼ね、延暦二十二年（八〇三）に四十三歳で権中納言、桓武が死去した大同元年（八〇六）には四十六歳で中納言に上った。

このまま南家の重鎮として大臣にまで上りつめるかと思われたが、実は桓武や次の平城天皇が政権の中枢として重用していたのは、式家の方であった（春名宏明『天城天皇』、倉本一宏『藤原氏』）。そしてその間の政治情勢のなかで起こったのが、伊予親王の変である。

桓武の嫡流として即位した平城は、桓武や藤原氏の皇位継承構想に反旗を翻《ひるがえ》し、数々の政治改革を行なって、藤原氏をはじめとする貴族層から反撥を招いていた（春名宏昭『平城天皇』、倉本一宏『敗者たちの平安王朝 皇位継承の闇』）。

このような「やる気のあり過ぎる天皇」は、概して貴族社会から浮き上がり、やがて悲惨な末路をたどることになるのであるが、そのような不穏な雰囲気のなか、大同二年（八〇七）十月、北家の藤原宗成《むねなり》が桓武第三皇子（平城の異母弟）の伊予親王に謀反を勧めているということを聞いた南家の雄友《おとも》が、それを北家の内麻呂《うちまろ》に告げた。

宗成は、計画の首謀者は伊予親王であると「自白」し、十一月に伊予親王と生母の吉子《きちし》（南家の是公《これきみ》の女で雄友の妹）は川原寺《かわらでら》に幽閉され、飲食を与えられなかった。母子は薬を仰いで自殺し、大納言雄友が連坐して伊予に流罪となり、中納言乙叡も解官《げかん》されたのである。

この事件は、式家の藤原仲成《なかなり》が宗成を操って、南家の勢力を一気に貶しめたものとされている（目崎徳衛「平城朝の政治史的考察」）。この事件によって、議政官は式家と北家の二家のみによって構成されることとなった。なお、乙叡の父継縄は、すでに延暦十五年に死去していた。これだけだと、政争の犠牲になった気の毒な青年公卿という感もするのだが、実はこの乙叡、なかなかに個性的な人物なのであった。薨伝によると、生まれつき頑固で妾を好み、山水の好地に多くの別荘を建てて、女性と連夜、泊まっていたというのである。とんでもない人物という気もするのだが、現代と違って一夫多妻の時代、それほど特異な出来事ではなかったはずである。また、生母の行状を考えると、乙叡がこんな人間に育ってしまったのも、なんだか気の毒にもなってくる。それよりも、ことさらにこのような行状が薨伝に記録されてしまった政治的背景を考えた方がよさそうである。

また、平城が皇太子の時、乙叡は宴席で近くに坐り、酒を吐いてしまったという。まあ、たしかに無礼な出来事ではあったが、人間なら誰しも起こり得ることではあろう。

問題なのは、平城がこのことを根に持って、後に伊予親王の事件の際に乙叡を連坐させたという後文である。天皇家嫡流でありながら、弟である嵯峨《さが》天皇の挑発に乗って「平城太上天皇の変（薬子《くすこ》の変）」を起こしてしまい（春名宏昭『平城天皇』）、出家させられて精神疾患とまで語られることになった平城（倉本一宏『敗者たちの平安王朝 皇位継承の闇』）の、

現伊予親王巨幡墓

これは「狂気説話」の一環なのであろう。こんなことを根に持ち、無実の臣下を解任するような狂った天皇、という図式である。この薨伝を記録している『日本後紀』が、嵯峨太上天皇の主導によって編纂されていることが、大きく影響していることになる。
乙叡は、後に免されて邸に帰った後、自分に罪の無いことを知り、これを憂いたまま死去したという。時に四十八歳。最初から最後まで、政治に翻弄された一生であった。

天皇の後継争いに巻き込まれた、藤原式家の官人の最期

藤原仲成

順調に出世した藤原式家の貴族

「平城《へいぜい》太上天皇の変（薬子《くすこ》の変）」関連で、首謀者として殺されてしまった藤原仲成《なかなり》について見てみよう。『日本後紀《にほんこうき》』巻二十の弘仁《こうにん》元年（八一〇）九月戊申条（十一日）には、次のように仲成の死と伝記が載っている。

この夜、左近衛将監紀《き》朝臣清成《きよなり》・右近衛将曹住吉臣豊継《とよつぐ》に、仲成を収監している右兵衛府で仲成を射殺させた。仲成は、参議正三位宇合《うまかい》の曾孫で、贈太政大臣正一位種継《たねつぐ》の長子である。生まれつき凶暴で心がねじれ、酒の勢いで行動するところがあり、親族の序列に従わず、諫止する人を無視した。妹の薬子が朝廷で勝手な行動をするようになると、その威を借りてま

すますわがままな振る舞いをした。多くの王族や老齢の高徳者は、多く辱められた。民部大輔笠《かさ》朝臣江人《えひと》の娘が仲成の妻となった。妻の叔母が美人であった。仲成はこれを見て関心を寄せた。叔母が嫌って馴染まないので、力づくで自分の意を通そうとした。その叔母は、思いを寄せている佐味《さみ》親王がその母である桓武《かんむ》天皇の夫人（多治比真宗《たじひのまむね》）と一緒に住んでいる邸に逃げ込んだ。仲成はそこに上がり込み、叔母を見付けた。仲成が荒々しい言葉を吐き、道理に背いた行動に出たことは、甚だ人の道に外れたことであった。今回、射殺されたことについて、人々は皆、「自ら招いたことである」と言った。

仲成は、桓武の権臣として長岡京の造営に心を砕いていた種継が延暦《えんりゃく》四年（七八五）九月に暗殺されたため、十一月に二十二歳で早くも従五位下に叙され、翌延暦五年（七八六）に衛門佐に任じられたのを皮切りに、出雲介・出羽守・出雲守・左中弁・越後守・山城守・治部大輔・主馬頭・大和守・兵部大輔・右兵衛督を歴任した。延暦二十年（八〇一）には従四位下に昇叙されるなど、順調に昇進したと言えよう。

次の平城天皇の時代に入ると、妹の尚侍薬子の女（名は不明）が平城の宮女となって出仕し、やがて薬子も平城の寵を受けたことによって、仲成も重用されることになった。大同《だいどう》二

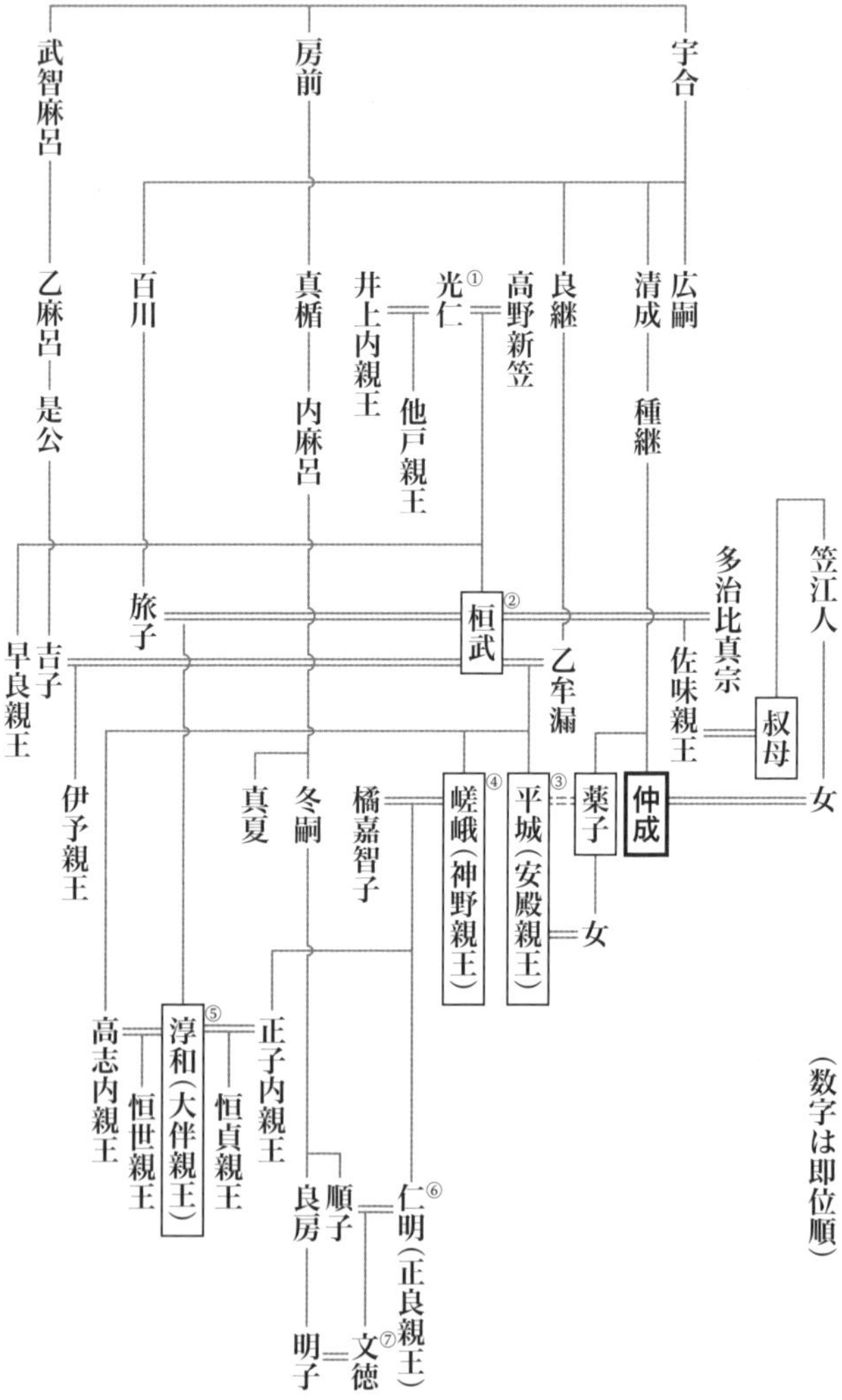
宇合
房前
武智麻呂
広嗣
清成
良継
高野新笠
光仁①
井上内親王
真楯
百川
乙麻呂
種継
他戸親王
内麻呂
是公
笠江人
多治比真宗
桓武②
旅子
吉子
早良親王
乙牟漏
佐味親王
叔母
仲成
薬子
女
平城（安殿親王）③
嵯峨（神野親王）④
橘嘉智子
冬嗣
真夏
伊予親王
女
正子内親王
淳和（大伴親王）⑤
高志内親王
恒貞親王
恒世親王
順子
良房
仁明（正良親王）⑥
文徳⑦
明子
（数字は即位順）

年（八〇七）に起こった「伊予《いよ》親王の変」の首謀者にもなったとされ、平城皇統を支える権臣の立場を継いだのである。大同三年（八〇八）に右大弁、そして大同四年（八〇九）に北陸道観察使（平城が参議を改称したもの）に大蔵卿を兼ね、弘仁元年（八一〇）六月十日にはついに参議に上った。四十七歳の年のことであった。

しかし、行政改革を推進して貴族層の意識とは乖離していた平城太上天皇と対立した嵯峨《さが》天皇は、三月に蔵人所を設置し、勅令を（藤原薬子などの女官を介さず）直接に太政官組織に伝える態勢を整えた。蔵人頭に補されたのは、内麻呂《うちまろ》の子である藤原冬嗣《ふゆつぐ》であった。ここに平城を包摂した式家と、嵯峨を取り込もうとした北家との、藤原氏内部の権力闘争の様相も現われてきた。北家の内麻呂は、嫡子の真夏《まなつ》を平城の側近に配し、次男の冬嗣を嵯峨に接近させたのである。

死は「自ら招いたことである」

七月十九日、病悩の続く嵯峨は内裏を出て東宮に遷御し、平城に神璽を返して退位しようとした。これを真に受けた平城は、九月六日、平城旧京への遷都を号令した。これに対し嵯峨は、九月十日、遷都によって人々が動揺するというので伊勢・美濃・越前の三関を固め、宮中を戒厳下に置いた。そして仲成を拘禁し、薬子と仲成の罪状を詔として読み上げ、薬子を官位剥奪・宮中追放に処し、仲成を佐渡権守に左遷したのである。

嵯峨の動きを知った平城は激怒し、諸司・諸国に軍事防衛体制を取るよう命じるとともに、畿内と紀伊の兵を徴発して、十一日の早朝に東国に赴こうとした。

一方、嵯峨（と内麻呂）は坂上田村麻呂《さかのうえのたむらまろ》を美濃道に派遣するとともに水陸交通の要衝に頓兵を配備し、拘禁していた仲成を射殺した。これが仲成の最期ということになる。

翌十二日、平城の一行は、直線距離で五キロほど進んだ大和国添上郡越田村（現奈良市北之庄町）で行く手を遮られた。平城は平城宮に引き返して剃髪、薬子は服毒自殺した。平城への忠誠を貫いた内麻呂嫡男の真夏は備中権守に左遷され、政治生命を終えた。

というのが「薬子の変」の顛末である。もちろん、以上はすべて、クーデターに成功した嵯峨側の残した記録に基づく「正史」の叙述である（春名宏昭『天城天皇』、倉本一宏『敗者たちの平安王朝 皇位継承の闇』）。平城によって皇太子に立てられていた高丘《たかおか》親王は廃太子された。もちろん、将来に実子の正良《まさら》親王（後の仁明《にんみょう》天皇）の立太子を狙ったものである（倉本一宏『皇子たちの悲劇 皇位継承の日本古代史』）。

真の首謀者は？

仲成の死は、天皇家内部における平城と嵯峨との皇統継承争い、藤原氏内部における式家と北家との権力闘争の犠牲となったと位置付けられるが、「正史」に記された仲成の薨伝は、その幼少時からの凶暴さと、長じてからの無道な振る舞いを記録している。もちろん、その史実性は定かではない。

それによると、仲成は生まれつき凶暴で心がねじれ、大人になっても酒の勢いで行動するところがあり、親族の序列に従わず、諫止する人を無視したという。このあたり、大伯父の広嗣《ひろつぐ》が天平《てんぴょう》十二年（七四〇）に九州で乱を起こした際に聖武《しょうむ》天皇が広嗣を非難した勅と似た文章である。

そして妹の薬子が平城の寵を受け、朝廷で勝手な行動をするようになると、その威を借りてますますわがままな振る舞いをして、多くの王族や老齢の高徳者が辱められたという。後の変の首謀者を、平城本人から仲成と薬子に転嫁しようとした文脈なのであろう。なお、春名宏昭氏によれば、本当にクーデターを起こしたのは、むしろ嵯峨の方であったという（春名宏昭『平城天皇』）。

もう一つ、とんでもないエピソードを載せている。笠江人の娘が仲成の妻となったのだが、仲成は妻の叔母に関心を寄せたものの、馴染んでくれないので、力づくで自分の意を通そうとした。その叔母が佐味親王の邸に逃げ込むと、仲成はそこに上がり込み、叔母を見付けて荒々しい言葉を吐き、道理に背き、人の道に外れた行動に出たという。

そして、射殺されたことについて、人々は、「自ら招いたことである」と言ったと結んでいる。

もちろん、「正史」というのは「史実として正しい歴史」という意味ではなく、「編纂時の天皇および政府にとっての公的な歴史」という意味である。平城皇統を廃し、自己の皇統を確立した嵯峨、そして式家を葬って権力の座に坐った北家の立場からは、とんでもない天皇とどとんでもない権臣だったので打倒したのだという主張なのであろう。

なお、一般的には、この仲成の射殺から保元《ほうげん》元年(一一五六)の保元の乱にいたるまで、平安時代には公的な死刑は行なわれなかったと解説されることが多い。しかし、この仲成の射殺が、公的な手続きを踏んだ死刑かどうかは、いささか疑問である(保元の乱の戦後処理についても、あれが公的な死刑かどうかは、問題があると思うのだが)。名例律の規定では、死刑は斬と絞の二種類しかなく、射殺というのは想定していない。嵯峨の別勅による制裁と考えるべきであろう。

もう一つ、『日本後紀』は興味深い予兆記事を載せている。大同三年（八〇八）四月に二羽の烏が若犬養門の樹の枝上で翼を寄せ合い、頭部を交互にした状態で一緒に死んだ。烏は一日中落ちてこなかったため、遂にある者が打ち落とした。これを見聞きして、人々は藤原仲成・薬子兄妹が罪人となる予兆だと噂したという。何とも念の入った仲成・薬子への断罪である。

現平城天皇陵

藤原縵麻呂

無能でも愛すべき藤原仲成の異母弟の正体

野心家の異母兄とは正反対？

　今回は、前回に述べた藤原仲成《なかなり》の異母弟の縵麻呂《かずらまろ》である。あれほどの策謀家で野心家、権勢を誇ったものの、陰険で専横な振る舞いが多かった（と反対勢力に非難された）仲成の弟なのであるから、縵麻呂もさぞかし同じような人物であろうと思うと、さにあらず、『類聚国史《るいじゅうこくし》』『日本紀略《にほんきりゃく》』に引かれた『日本後紀《にほんこうき》』巻二十九の弘仁《こうにん》十二年（八二一）九月甲寅条（二十一日）は、次のように語る。

従四位下藤原朝臣縵麻呂が卒去した。贈太政大臣正一位種継《たねつぐ》の第二男である。生まれつき愚鈍で、事務能力がなく、大臣の子孫ということで、内外の官を歴任したが、名声を上げるこ

とはなかった。ただ酒色のみを好み、他のことに思いをいたすことはなかった。時に行年五十四歳。

あの種継の子で、仲成の弟に、よくもこのような人物がいたものだと驚くばかりである。一応、種継の二男ということで、延暦《えんりゃく》四年（七八五）に従五位下に叙されて貴族社会の仲間入りをし、翌延暦五年（七八六）に皇后宮大進、延暦七年（七八八）に相模介、延暦十年（七九一）に相模守、そして大判事と歴任しているのであるが、このあたりの執務成績がよろしくなかったらしい。

生まれつき愚鈍な性質で、事務能力がなく、歴任した内外の諸官でも名声を得ることはできなかったという。その一方では、ただ酒色のみを好み、他事を顧みる事はなかったという。とても他人とは思えない愛すべき人物にも見えてくるが、もしかすると、この無能ぶりは、敵対勢力の目を欺くための保身のための隠れ蓑であった可能性もある。父や大叔父たち、そして兄妹の仲成・薬子《くすこ》のように、権力の中枢に身を投じて、やがて一挙に奈落の底に突き落とされることを避けるために、無能を装って酒色に溺れる振りをする。これもまた、貴族の生き方の一類型なのかもしれない。

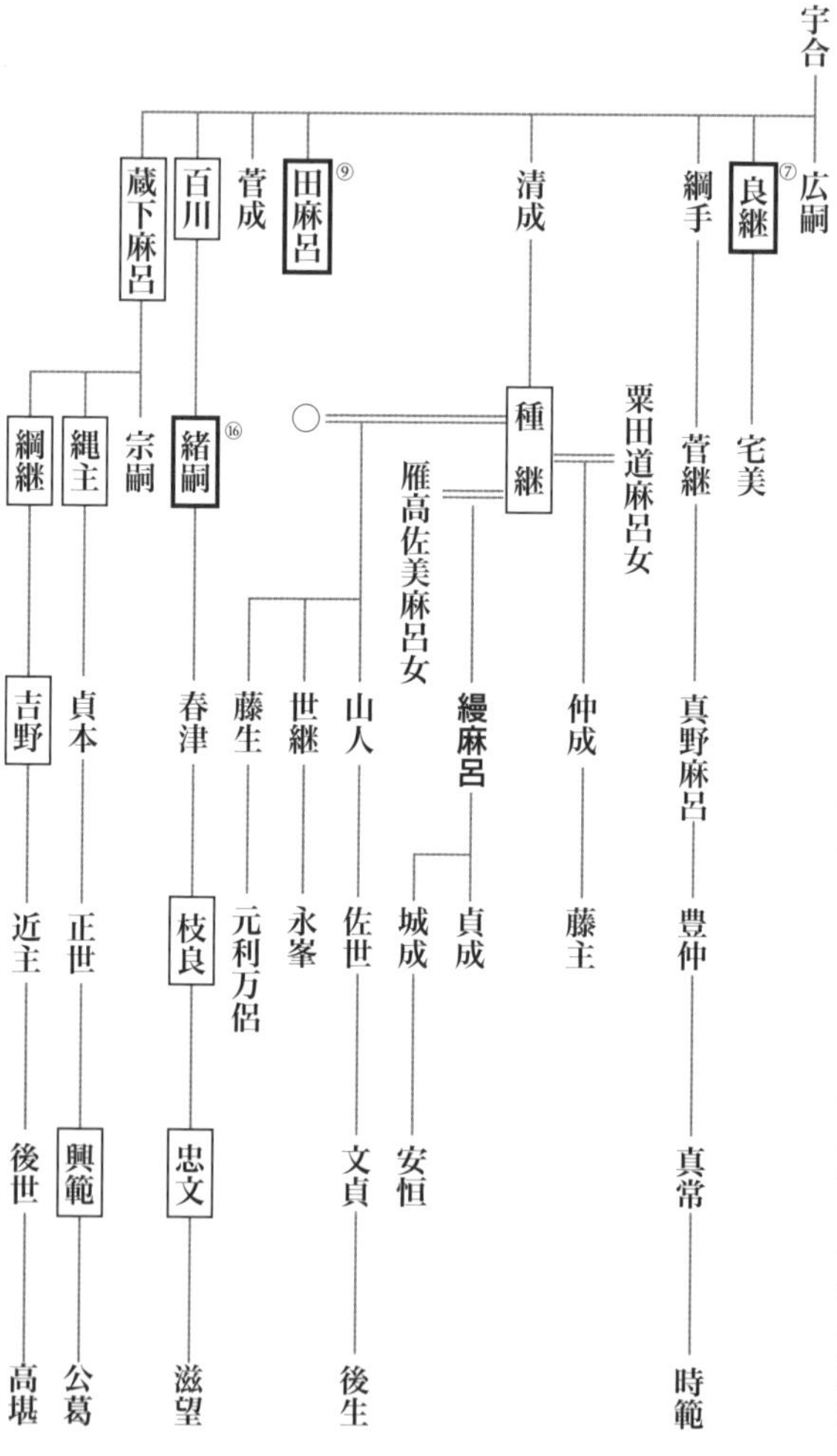

（□は議政官、□は大臣に上った者、数字は氏上［氏長者］継承順）

やがて縵麻呂は、延暦二十三年（八〇四）に豊前守、次いで右大舎人頭に任じられ、平城《へいぜい》天皇の世となった大同《だいどう》三年（八〇八）に美濃守を兼ね、嵯峨《さが》天皇の弘仁二年（八一一）に大舎人頭となった後、越後守に転出し、弘仁十二年（八二一）に散位（位階だけあって官職のない者）従四位下で卒去した。兄の仲成よりも十一年後まで生きたことになる。

歴史はこの縵麻呂について、ほとんど何も語ることはない。しかし、これはこれで、貴族としての生き方の一つなのである。歴史の表舞台に登場する人物は、権力を志向するわずかな例外的な人たちで、ほとんどの人物は、このような小心でやる気のない、無能な人々だったのであろう。

なお、縵麻呂の子は、貞成《さだなり》が従五位上相模権守で終わっており、城成《しろなり》は位階が伝わっていない。

千二百年の時を超えて、この縵麻呂とこそ、酒を酌み交わしたいと思うのは、私だけであろうか。

出世より仙人に憧れた？風変わりな貴族

藤原友人

出世した兄たちとは正反対？

前回に続いてこれも、とても他人とは思えない、愛すべき人物である。『類聚国史《るいじゅうこくし》』『日本紀略《にほんきりゃく》』に引かれた『日本後紀《にほんこうき》』巻三十の弘仁《こうにん》十三年（八二二）八月癸酉条（十六日）に、次のように記されている。

相模守従四位下藤原朝臣友人《ともひと》が卒去した。右大臣贈従一位是公《これきみ》の息男で、従三位乙麻呂《おとまろ》の孫である。生まれつき小人物で、礼儀や規則を守らなかった。仙道（仙人の術）を好んだが、地に墜ちて空中に飛翔することはできなかった。大同《だいどう》の初年、伊予《いよ》親王の事変に縁坐して、下野守に左遷された。弘仁年中に恩赦によって入京し、従四位下を授けられ、すぐに相模守

に任じられた。病が発《おこ》り、現職のまま卒去した。時に行年は五十六歳。

藤原氏嫡流であった南家の人物で、武智麻呂《むちまろ》の曾孫にあたる。父は右大臣にまで上った是公であるから、この友人も、もっと出世してもよさそうなものなのに、相模守で終わっている。

姉妹の吉子《きちし》が桓武《かんむ》天皇の夫人となり、生まれた伊予親王が「伊予親王の変」をでっち上げられて、母子共に自殺するという悲劇に連坐したのであるが、それでも同母兄の真友《まとも》は参議、雄友《おとも》は大納言という議政官に上っているのであるから、やはり友人の遅い昇進は特筆すべきものである。なお、弟友も同母兄と思われるが、侍従で終わっている。おそらくは早世したのであろう。

実は「伊予親王の変」に連坐する以前から、友人は「生まれつき小人物で、礼儀や規則を守らなかった」のである。小人物であることはともかく、礼儀や規則を守らないのでは、とても出世は望めなかったであろう。

ここまでなら、どこにでもいる無能な官人なのであるが、特筆すべきはその特殊な趣味である。何と仙人の術を好んだとあるから、道教に熱中していたのである。古代日本では公式

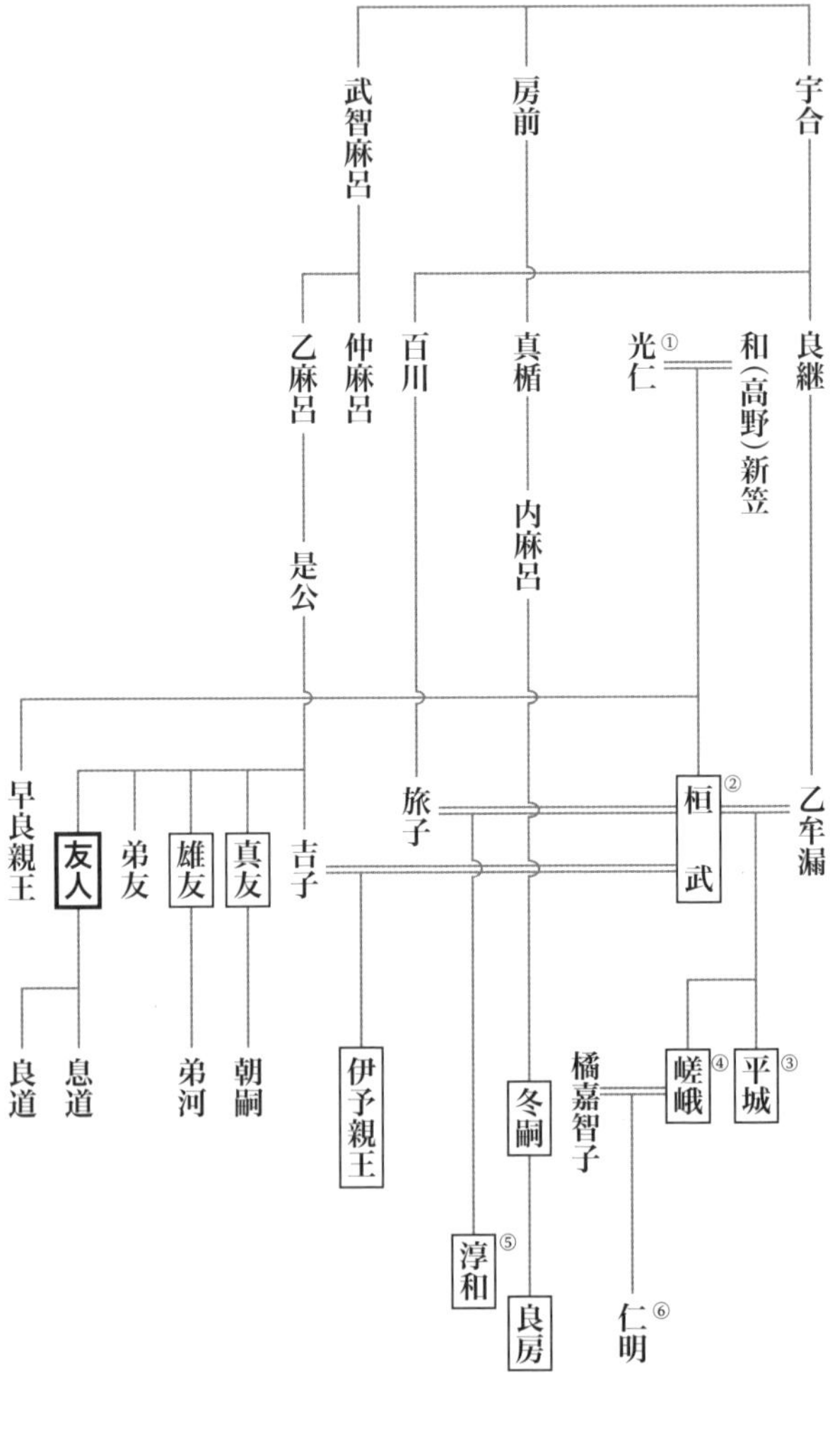
宇合
房前
武智麻呂
良継
和(高野)新笠
光仁 ①
真楯
百川
仲麻呂
乙麻呂
内麻呂
是公
乙牟漏
桓武 ②
旅子
吉子
真友
雄友
弟友
友人
早良親王
平城 ③
嵯峨 ④
橘嘉智子
冬嗣
淳和 ⑤
伊予親王
朝嗣
弟河
息道
良道
仁明 ⑥
良房

(数字は即位順)

には採り入れられなかった道教に、何故か友人は惹かれたのであろう。もしかしたら、没落しかかっている南家の行く末、また政変で左遷された虚しさ、さらには兄たちに及ばぬ挫折感から、このような逃げ道を選んでしまったのかもしれない。

道教には煉丹・房中・導引・調息・服食など、様々な術があるのであるが、「空中に飛翔することはできなかった」とあることから、友人が熱中したのは天仙《てんせん》、つまり天上に昇って仙人になることだったものと思われる。「邪累を除き去り、心神を洗い清め、修行を積み、功を立て、徳を重ね、善を増していけば、やがて白日に昇天したり、世上に長生することができる」という(『魏書《ぎしょ》』釈老志)。

当然ながら、道教の究極的な到達点であるとされる白日昇天の境地に、友人などが至るはずはなく、相模守のまま卒去した。もう五十六歳になっていた。

こんな人物が国守として赴任してきた相模国の人々は、さぞや困ったことだったであろう。相模国府(現在の神奈川県平塚市)の故地を訪れるたび、ここで友人が、昇天の術を試していたのであろうかと、思いを馳せてしまう。

飛鳥時代の名族・大伴氏の末裔の困った性癖

伴弥嗣

名族だった大伴氏の子孫

こちらはかなり困った御仁である。大化前代の名族である大伴《おおとも》氏の末裔である。当時は淳《じゅん》和《な》天皇の諱《いみな》である大伴親王を憚って、伴氏を名乗っていた。伴氏は古代では「とも」と発音していたが、後世は音で「ばん」と読むようになった。

その大伴氏の、金村《かなむら》から数えて五世孫に、弥嗣《いやつぐ》という男がいた。先祖の名誉を弥《いよい》よ嗣ぐようにとの父伯麻呂《おじまろ》の願いが込められた名だったのであろう。

弥嗣の卒伝は、『類聚国史《るいじゅうこくし》』『日本紀略《にほんきりゃく》』に引かれた『日本後紀《にほんこうき》』巻三十一の弘仁《こうにん》十四年（八二三）七月甲戌条（二十二日）に、次のように記されている。

越後守従四位下伴宿禰弥嗣が卒去した。弥嗣は従三位伯麻呂の息男である。延暦《えんりゃく》十九年に従五位下に叙され、大宰少弐に任じられた。弘仁七年に従五位上、弘仁十三年に正五位下、弘仁十四年に従四位下に叙された。たいそう歩射《ぶしゃ》に巧みで、若い時から鷹犬を好んだ。邪悪な性格で、人を射ることを憚らなかった。晩年には気持を改め、暴慢の評判は聞こえなくなった。時に行年は六十三歳。

大伴氏の先祖には、継体・欽明朝の「大連」とされる金村をはじめ、大化改新に活躍した咋《くい》や長徳《ながとこ》（右大臣）、壬申《じんしん》の乱の功臣である馬来田《まぐた》（納言か）・吹負《ふけい》・御行《みゆき》（大納言）・安麻呂《やすまろ》（大納言）など、錚々たる顔ぶれを輩出している。

しかし、律令国家がスタートすると、藤原氏に圧され、徐々にその地位を低下させていった（藤原氏以外の氏族は、皆、そうだったのであるが）。七世紀には文筆を表わす「史《ふひと》」という名であった「ふひと」が、並ぶ者がないという意味の「不比等《ふひと》（比び等しきはあらず）」と改称し、「たびと」が「旅人」から、どこにでもいるという意味の「多比等《たびと》（比び等しきは多し）」という字で表記されるようになったのが、それを象徴している。

それでも嫡流の旅人は大納言、家持《やかもち》は中納言にまで上っている。弥嗣の系統でも、祖父の道足《みちたり》、父の伯麻呂は、共に参議に任じられた。伯麻呂の子は、名鳥《なとり》は官位不詳で、早世したものと思われる。

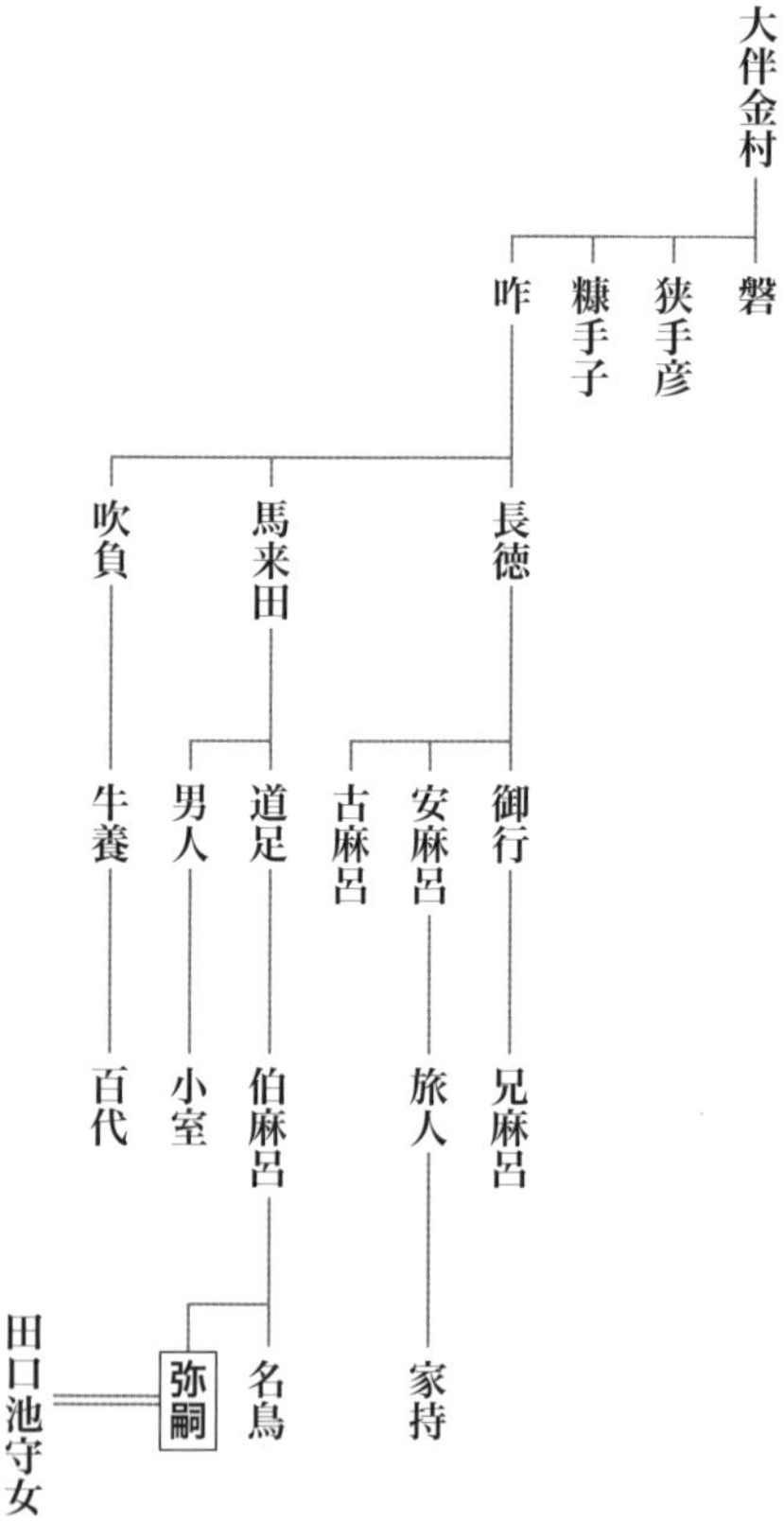

弥嗣は、天平宝字《てんぴょうほうじ》五年（七六一）生まれ。妻は田口池守《たぐちのいけもり》の女《むすめ》であるが、田口氏というのは蘇我《そが》氏の同族で、平安時代初期には、田口氏の女性（名は不詳）が橘清友《たちばなのきよとも》（奈良麻呂《ならまろ》の男）の妻となり、延暦五年（七八六）に、後に嵯峨《さが》天皇の皇后となって仁明《にんみょう》天皇を産むことになる嘉智子《かちこ》を産んでいる。

この僥倖《ぎょうこう》を得たことによって、田口氏は仁明の外祖母《がいそぼ》氏ということになり、平安時代に入ってからも、それなりの地位を保ち続けた。その田口氏の女性と結婚できたとなると、弥嗣もそこそこの期待を集めていたのであろう。なお、二人の間に子はなかったようで、この系統はここで絶えることとなった。

弥嗣の方は、桓武《かんむ》朝の延暦十九年（八〇〇）に従五位下に叙された。数えで四十歳の年のことであったが、これは大伴氏としては遅いというほどでもない。そして大宰少弐に任じられたというのは、まあまあの出世であると言えよう。

しかし、この弥嗣には、とんでもない性癖があった。「歩射（徒歩弓《かちゆみ》）に巧みで、若い時から鷹犬（狩猟）を好んだ」というのは、さすが軍事氏族大伴氏の一員であると言えようが、「邪悪な性格で、人を射ることを憚らなかった」となると、何か心を病んでいるのではないかと思いたくもなる。現在でも武器で他人を傷つけることを好む人がいるが、何らかの心理の代償行為にも思えてくる。

その後、弥嗣は、平城《へいぜい》朝の大同《だいどう》三年（八〇八）に四十八歳で中務少輔、嵯峨《さが》朝の弘仁五年（八一四）に五十四歳で大蔵少輔と、京官を歴任した。弘仁十三年（八二二）に正五位下、淳和《じゅんな》天皇が即位した弘仁十四年（八二三）四月二十七日に従四位下と昇叙された。

しかし、その頃には越後守の任にあったようであり、地方官に転出していた。何らか、中央に置いておけない事情が存在したのであろうか。卒伝では、「晩年には気持を改め、暴慢の評判は聞こえなくなった」と記されているのであるが。

そしてその年の七月二十二日に越後守のまま、卒去した。享年六十三歳。もはや自然の豊かな越後に下っても、好きな狩猟を楽しむことはなかったはずである。越後の人々にとっては、暴慢ではなくなった弥嗣を迎えて、ひと安心といったところだったであろうか。

最後まで名声を求めなかった名門・紀氏の珍しい官人

紀長田麻呂

古代豪族の名門・紀氏の庶流

変な人が続いたので、今回は立派な人をご紹介しよう。（かつての）名門紀《き》氏の長田麻呂《おさだまろ》という人である。『類聚国史《るいじゅうこくし》』『日本紀略《にほんきりゃく》』に引かれた『日本後紀《にほんこうき》』巻三十三の天長《てんちょう》二年（八二五）六月辛巳条（九日）に、次のように記されている。

散位《さんい》従四位上勲七等紀朝臣長田麻呂が卒去した。長田麻呂は中判事正六位上末茂《すえしげ》の孫で、正六位上相模介稲手《いなて》の子である。史書を学ばなかったが、手軽な雑多な技を身に付けていた。自ら清貧に安んじて、名利《みょうり》を求めることはなかった。「青松《せいしょう》の下、必ず清風《せいふう》有り」と謂うごとく、その周辺には清らかな雰囲気が漂っていると言うことのできる人物であった。時に行年は七十一歳。

紀氏はもともと、紀伊国の紀ノ川下流を本拠とした古代豪族で、大和盆地の大和国平群県紀里（現在の奈良県生駒郡平群町上庄付近）に進出し、倭王権の外交や軍事を担った。天智《てんじ》十年（六七一）には大人《うし》が御史大夫となり、文武《もんむ》元年（六九七）に竈門娘《かまどのいらつめ》が文武天皇の嬪《ひん》になった。麻呂《まろ》が大納言、麻路《まろ》が中納言、飯麻呂《いいまろ》以下が参議に任じられるなど、上級氏族としての地位を保持していた。

諸人《もろひと》の女橡姫《とちひめ》と施基《しき》（志貴）皇子の間に生まれた白壁王《しらかべ》が光仁《こうにん》天皇として即位すると、外戚としての地位を得て、広純《ひろずみ》や家守《いえもり》が参議、船守《ふなもり》や古佐美《こさみ》が大納言に任じられた。

しかし、徐々に藤原氏に圧倒されて勢力は衰退し、公卿に昇る者もなくなり、夏井《なつい》が応天《おうてん》門《もん》の変で配流されると、衰運に向かった。名虎《なとら》の女である静子《しずこ》が文徳《もんとく》天皇の更衣《こうい》となり、第一皇子惟喬《これたか》親王を産んだが、即位することはできず、ついに家運は好転しなかった。政治の中枢から離れた紀氏は、やがて貫之《つらゆき》を中心として、仮名文学の世界に歩み出していく。

この話の主人公である長田麻呂は、議政官を輩出した麻呂の嫡流ではなく、かといって名

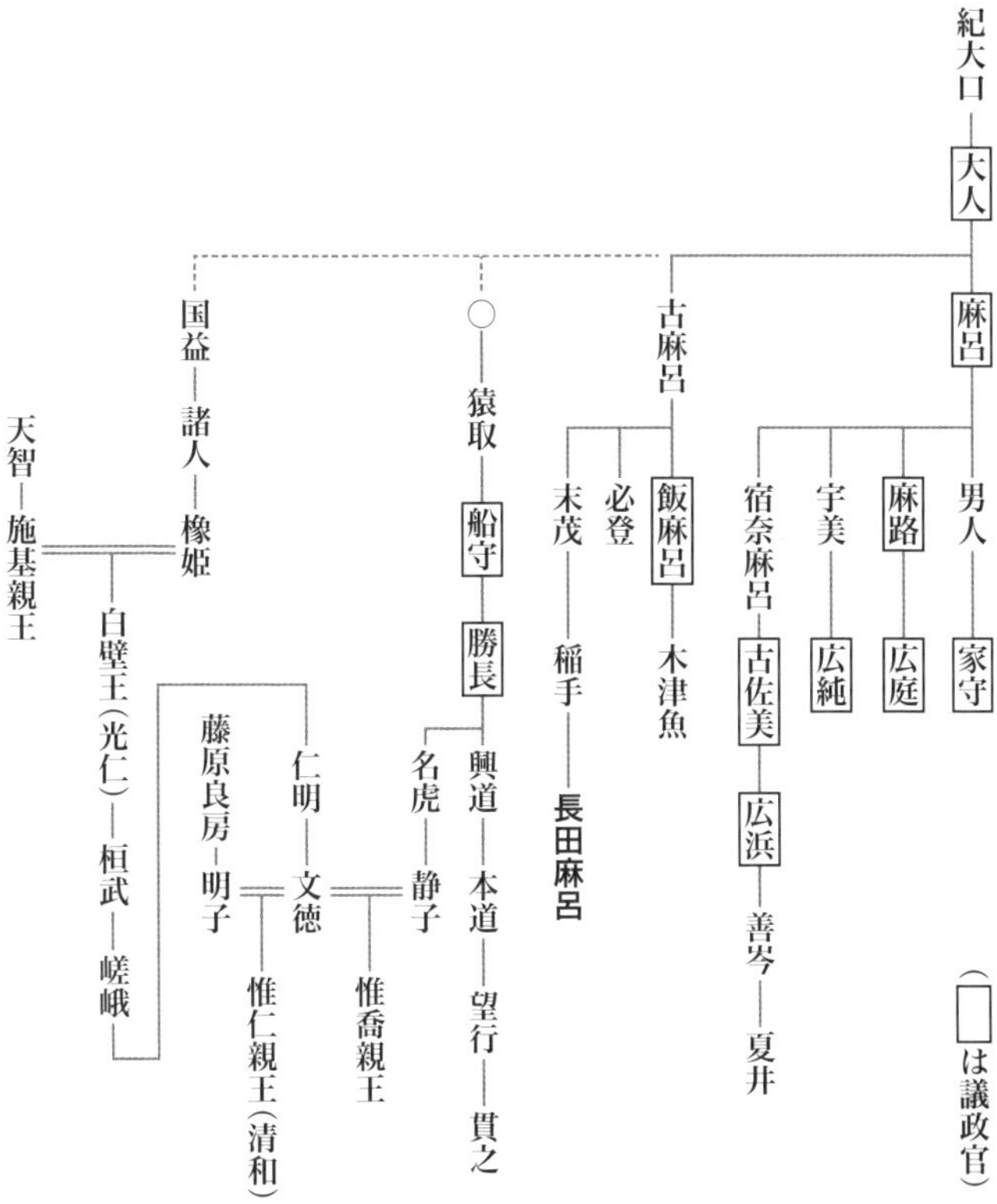
（□は議政官）
紀大口
大人
麻呂
男人
家守
麻路
広庭
宇美
広純
宿奈麻呂
古佐美
広浜
善岑
夏井
古麻呂
飯麻呂
木津魚
必登
末茂
稲手
長田麻呂
○
猿取
船守
勝長
興道
本道
望行
貫之
名虎
静子
惟喬親王
仁明
文徳
藤原良房
明子
惟仁親王（清和）
国益
諸人
橡姫
天智
施基親王
白壁王（光仁）
桓武
嵯峨

虎や貫之が出た流でもない、まことに中途半端な庶流の出身である。曾祖父の古麻呂《こまろ》は式部大輔、祖父の末茂（末松とも）は中判事と、中級官人で終わった。しかも父の稲手は極官が相模介と地方官であり、これではどうしても長田麻呂が出世する可能性はほとんどなかったであろう。

長田麻呂は従五位下に叙された後も、大同《だいどう》三年（八〇八）に筑前守、次いで大宰少弐と九州の地方官に任じられ、中央に戻ってからも、弘仁《こうにん》三年（八一二）に玄蕃頭、弘仁五年（八一四）に治部少輔、次いで治部大輔、そして宮内大輔と、政権中枢とは程遠い官を歴任した。それにしても、大同三年も弘仁五年も、同年の内に他の官に遷る傾向があるのは、どういった事情があったのであろう。彼の清廉な性格が、同じ職場に留まることを潔しとはしなかったのであろうか、と勘ぐりたくもなる。

そして翌弘仁六年（八一五）には、ふたたび備前介という地方官に任じられ、任地に赴任することになった。その後、位階だけは弘仁十四年（八二三）の従四位上まで上昇し続けたが、官職に就いたという史料は絶え、ついに天長二年（八二五）に散位（位階のみあって官職のない官人）のままで卒去したのである。

清貧に安んじて名利を求めることはなく、周辺に清らかな雰囲気を漂わせていた長田麻呂であればこそ、ひとつ官に留まることを拒否して次々と官を遷り、晩年は無官で過ごしたということであろうか。逆に言えば、富貴で名利を得ることのできた者は、周辺に清らかな雰囲気を漂わせるような人物ではいけないということになろうか。彼の年齢に近付きつつある身として、鑑誡としなければならないことである。

しかしそれにしても、長田麻呂が身に付けていた手軽で雑多な技って、いったい何だったんだろう。

大宰府政庁跡

紀末成

早くに出世した紀氏の官人が地方官止まりだった理由

二十歳で異例の大出世

続けて紀氏の官人を取り上げよう。『類聚国史《るいじゅうこくし》』『日本紀略《にほんきりゃく》』に引かれた『日本後紀《にほんこうき》』巻三十三の天長《てんちょう》二年（八二五）十二月壬寅条（四日）に、次のように記されている。

越前守従四位上紀朝臣末成《すえなり》が卒去した。末成は大納言正三位古佐美《こさみ》の第九子である。弘仁《こうにん》の初年に従五位下に叙され、弘仁十二年に正五位下に叙され、にわかに従四位下を授けられた。天長元年に従四位上に叙された。幼時から聡明で、書籍を博覧した。二十歳にして仮に式部丞となった。異例であったが、当時の議はこれを容認した。外官《げかん》として伊予介に任じられ、出雲・常陸・大和・越前守を歴任した。いずれも任務を首尾よく果たしたとして知られた。

但し、名声には実が伴わなかったようである。長を断って短を補うような方法で、辻褄《つじつま》あわせをするような大雑把なところがあった。時に行年は四十五歳。正四位上を追贈した。

前回、取り上げた紀長田麻呂《おさだまろ》とは異なり、末成は大納言古佐美の子であるから、長田麻呂よりも出世する条件には恵まれていた。ただし、古佐美の九男とあるから、その後を継いで議政官となるには、よほどの功績が必要だったことだろう。この頃になると藤原氏の官人も膨大な数に上っており、それでも議政官などの上級官職の数はほとんど変わらなかったから、出世して子孫に高い地位を受け継がせるのは大変なことだったのである。

卒伝によると、末成は幼い時から理解が早くて賢く、書籍を博覧していたというのであるから、有能な官人となるはずであった。桓武《かんむ》天皇の延暦《えんりゃく》十九年（八〇〇）にわずか二十歳という若さで仮に式部丞に抜擢されたが、これは異例のこととして議論となったものの、容認されたという。早熟型の秀才だったのであろう。

十年後、嵯峨《さが》天皇の弘仁元年（八一〇）に従五位下に叙され、名実ともに貴族の仲間入りを果たす。このまま出世街道を駆け上がるかと思われたが、実際にはそうはならなかった。末成が任じられたのは、いわゆる外官という地方官ばかりだったのである。現代と違って、

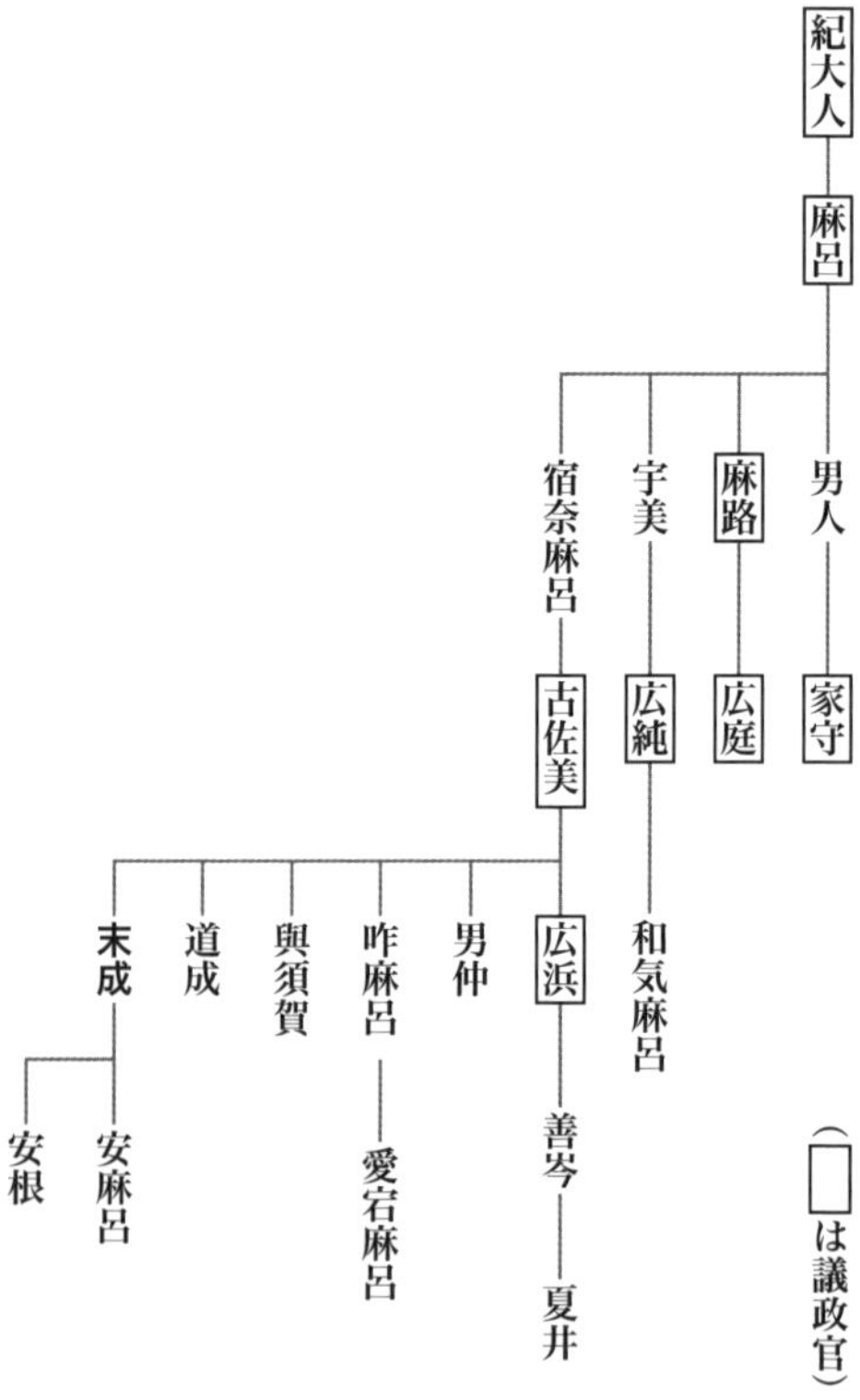
紀大人
麻呂
男人
麻路
宇美
宿奈麻呂
家守
広庭
広純
古佐美
和気麻呂
広浜
男仲
咋麻呂
與須賀
道成
末成
善岑
夏井
愛宕麻呂
安麻呂
安根
（□は議政官）

古代は都と地方との格差は大きかった。畿内《きない》は「ウチックニ（内つ国）」、つまり天皇や貴族たちにとって内部の場だったのに対し、畿外《きがい》は「トックニ（外つ国）」と呼ばれ、外部の国として扱われていたのである。

国司というのは「クニノミコトモチ（国の御言持ち）」、つまり天皇の言葉を地方に持っていき、支配するという重要な地位ではあったが、それでも畿内や都を地盤とする中央貴族にとっては、日の当たらない官であった（今でも東京の本社から地方の支社に「栄転」することを潔しとしない人がいるようであるが）。

末成は、時期は不明ながら、伊予介を皮切りに、出雲守・常陸守・大和守・越前守と地方官を歴任した。いずれも重要な国ばかりで、末成が（地方官としては）優遇され、重要な任務を任されていたことが窺える。

越前守在任中の弘仁十四年（八二三）には、同国の加賀郡が国府（現福井県越前市〈旧武生市〉）から遠く、往還に不便で郡司や郷長が不法を働いても民が訴えることができずに逃《ちょう》散《さん》することや、国司の巡検《じゅんけん》も困難であるとの理由を挙げ、建国を提案した。これが受け入れられて、三月に越前国の加賀郡と江沼郡の二郡を分割して加賀国を建てることが決まった（『日本後紀』）。

また、同年十二月には、大雪によって加賀と京との往還ができなくなったことから、存問渤海客使が停止され、代わりに越前守の末成が渤海使の慰問を担当した（『日本後紀』）。

このように、地方官としても有能であった末成は、位階の昇叙を受け、淳和《じゅんな》天皇の天長元年（八二四）には従四位上に上った。

しかし、彼の官歴もここまでで、天長二年に卒去したのである。享年四十五歳。当時としても早い方であった。

と、これだけでは、若くして死んでしまった残念な貴族ということになろうが、卒伝には気になる評価が記録されている。任務を首尾よく果たしたという名声には実が伴っていなかったとあり、「長を断って短を補うような方法で、辻褄あわせをするような大雑把なところがあった」と評されているのである。

幼い頃から目先が利き、なんでも手際よくこなしてきた癖が直らず、国司となってからも算段に巧みで、大局を見通すような人物ではなかったということなのであろう。

しかしながら、末成は国政の中枢に坐るような人物には不適格だったかもしれないが、与えられた任務も首尾よくこなせないような無能な連中と比べれば、どれだけマシかわからない。ましてやわずかな自己の権力や権益にのみ汲々とする輩よりは、よほど立派な官人であったと評すべきである。国政の中枢が立派な人物だけで占められているとも思えないし。それにしても、幼年時の名声に惑わされず、このような末成の能力（とその限界）を見極めて地方官を歴任させた王権の眼力もまた、恐るべきものである（末成が藤原氏ではなかったことにもよるのであろうが）。末成にとっても、下手に政権中枢に接近して、政変に巻き込まれるよりも、よほど充実した人生であったと言えるのかもしれない。

なお、紀氏の嫡流は末成の長兄である広浜《ひろはま》の系統が継いだ。末成の子としては安麻呂《やすまろ》と安根《やすね》を挙げる史料もあるが、いずれも詳細は不明である。東大寺《とうだいじ》八幡宮神主の上《かみ》司《つかさ》家は、安根の子孫を称しているという。

出雲国府故地

越前国府故地

没落する名族の中で僅かな出世を遂げた安倍氏の官人

安倍真勝

安倍晴明が子孫と称する名族

これも（元）名門氏族出身の官人である。『類聚国史《るいじゅうこくし》』『日本紀略《にほんきりゃく》』に引かれた『日本後紀《にほんこうき》』巻三十四の天長《てんちょう》三年（八二六）九月庚午条（六日）には、次のように記されている。

伊予守従四位上安倍《あべ》朝臣真勝《まかつ》が卒去した。真勝は大宰大監正六位上三綱《みつな》の子である。延暦《えんりゃく》年中に従五位下に叙され、陰陽頭に任じられた。弘仁《こうにん》十一年に従四位下に叙され、神祇伯に任じられた。甲斐守・伊予守を歴任した。生まれつき質樸《しつぼく》で、阿《おも》ねり媚《こ》びることを好まなかった。老荘《ろうそう》の教えを学び、能く自らその文を読んだことは流れるようであったが、その意味については精通していなかった。歴任した職では、頗る緩やかで穏やかなことをもって処し

たと称された。卒去した時、行年は七十三歳であった。

阿倍《あべ》（安倍）氏というのは、大和国十市郡安倍を本拠とする、大化前代以来の名族である。伊賀国阿拝郡を本拠とする阿閉《あへ》氏との関連も指摘されている。『日本書紀《にほんしょき》』に、崇神《すじん》十年に大彦命《おおひこのみこと》を北陸に派遣したという記事が見えるが、阿倍氏はこの大彦命を始祖と称している。埼玉県稲荷山古墳出土鉄剣の金象嵌《きんぞうがん》銘（四七一年）に見える「意富比垝《おほひこ》」をこの大彦命に充てる説もある。

また、阿倍氏を伴造とする丈部《はせつかべ》が東国・北陸に多く分布したり、『日本書紀』で崇峻《すしゅん》二年（五八九）に阿倍臣を北陸道に派遣して越《こし》などの国境を観させたとあったり、斉明《さいめい》四年（六五八）に阿倍比羅夫《ひらふ》（系譜不明）が蝦夷《えみし》を伐ち、齶田《あきた》（秋田？）・渟代《ぬしろ》（能代？）、さらには渡島《わたりのしま》（北海道南部？）を平定したと伝えられるように、東国・北陸の経営と関係深い氏族であった。

六世紀前半の欽明の代から、阿倍氏は蘇我《そが》氏の大臣（オホマヘツキミ）の下で大夫（マヘツキミ）として政治に参画しており、大化直前には筆頭大夫であった阿倍内麻呂《うちまろ》（倉梯麻呂《くらはしまろ》）は、大化改新政府の左大臣に任じられた。その女《むすめ》の小足媛《おたらしひめ》は孝徳《こうとく》、橘娘《たちばなのいらつめ》は天智《てんじ》の、

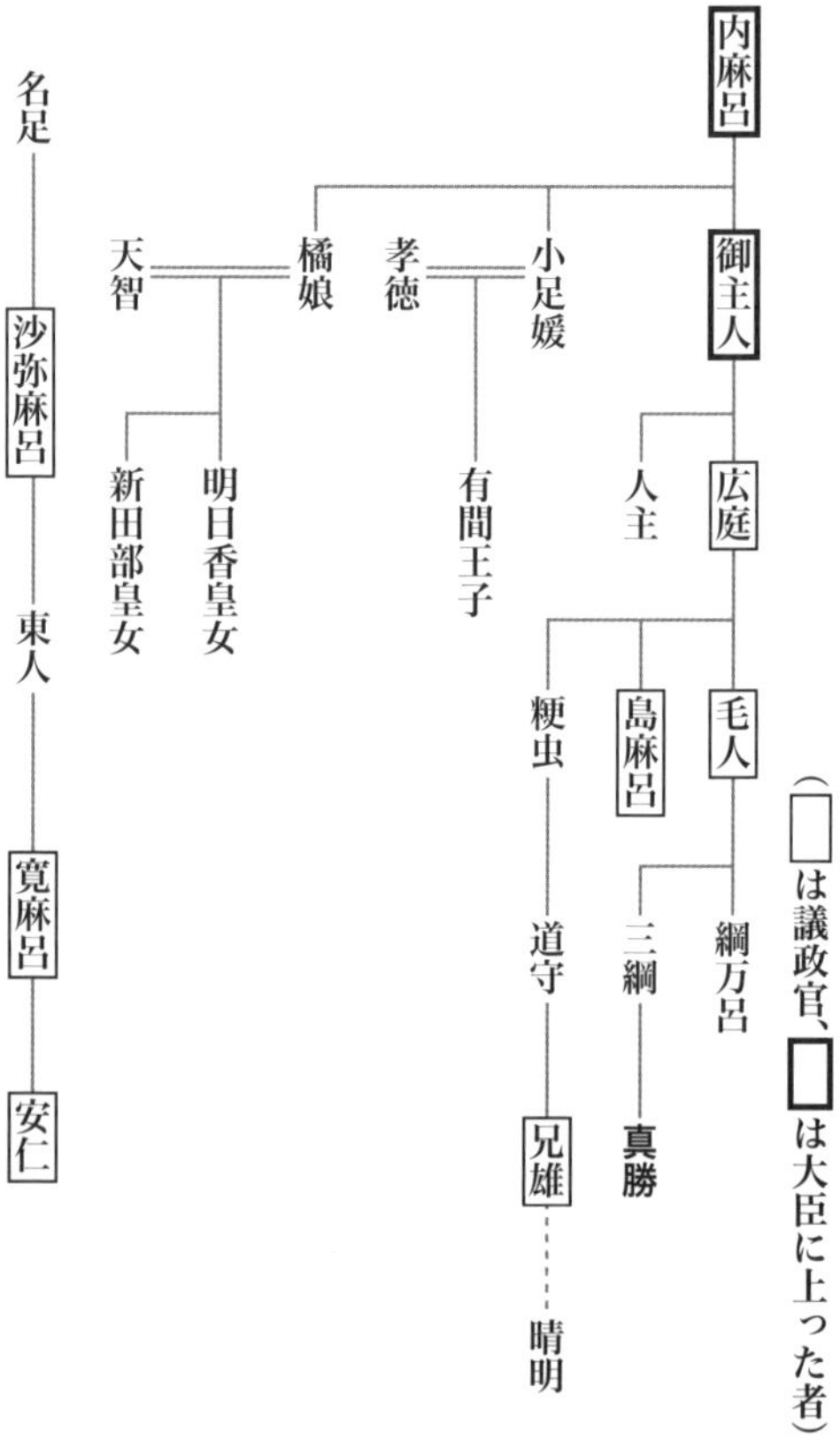
（□は議政官、■は大臣に上った者）
内麻呂
御主人
広庭
人主
毛人
島麻呂
粳虫
綱万呂
三綱
真勝
道守
兄雄
晴明
小足媛
孝徳
有間王子
橘娘
天智
明日香皇女
新田部皇女
名足
沙弥麻呂
東人
寛麻呂
安仁

それぞれ妃となり、小足媛は有間《ありま》王子を産んでいる。壬申《じんしん》の乱では大海人《おおしあま》王子に協力し、御《み》主人《うし》は大宝律令体制の発足とともに右大臣に任じられた。

七世紀末にはすでに、布勢《ふせ》・引田《ひけた》・許曾倍《こそべ》・狛《こま》などいくつかの家に分かれており、御主人以後は阿倍氏の中心は引田氏系から布勢氏系に移った。しかし、和銅《わどう》五年（七一二）の阿倍宿奈麻呂《すくなまろ》（比羅夫の子）の奏言では、比羅夫の出た引田氏系こそ阿倍氏の正宗と主張している。

ここで紹介する真勝も、父の三綱こそ大宰府の三等官である大監で終わったが（位階も正六位上であることから、早世したものと思われる）、祖父の毛人《えみし》と大叔父の島麻呂《しままろ》は参議、曾祖父の広庭《ひろにわ》は中納言、そして右大臣御主人が高祖父ということになる。真勝が生まれる五十年前までは、大臣を出していた氏族だったのである。

もちろん、律令制の始動と同時に、藤原氏以外の氏族は没落を余儀なくされた。しかし、毛人が死去したのが宝亀《ほうき》三年（七七二）、島麻呂が死去したのが天平宝字《てんぴょうほうじ》五年（七六一）であったことを考えると、真勝が生まれた天平勝宝《てんぴょうしょうほう》六年（七五四）では、彼は議政官を出す名門氏族の御曹司として、期待を寄せられた誕生だったことであろう。

しかし、阿倍氏が往年の輝きを取り戻すことはなかった。平安時代に入ると、御主人の玄孫である安倍兄雄《あにお》が平城《へいぜい》天皇の代に参議、引田系の安倍寛麻呂《ひろまろ》が嵯峨《さが》天皇の代の参議、その子の安仁《やすひと》が仁明《にんみょう》天皇の代の大納言となったが、その後はさっぱりで、どこの馬の骨かもわからない（狐の子ではないと思うが）、兄雄の六代目の子孫と称する安倍晴明《はるあきら》、そしてその子孫の土御門《つちみかど》家の「活躍」を待たなければならない。氏族の用字を「阿倍」から「安倍」に替えたのも、没落の一環だったのであろうか。

さてこの真勝であるが、従五位下に叙されたのが桓武《かんむ》天皇の代も末となった延暦二十四年（八〇五）、何と五十二歳の年のことであった。それまでの彼の事蹟は不明であるが、おそらくは下級官人として、数々の微官《びかん》を歴任しながら、老荘の書籍を学んでいたのであろう。そして陰陽頭に任じられたが、これが官司の長官となった最初だったことであろう。陰陽頭は弘仁五年（八一四）まで勤めている。その間、備中守を兼ね、大同《だいどう》三年（八〇八）に治部少輔、翌大同四年（八〇九）に大学頭を兼任している。

そして弘仁五年に陰陽頭を止められ、刑部大輔、そして造西寺長官、弘仁六年（八一五）に造東寺長官に任じられた。若年時からの学問と、陰陽頭としての卜占の知識が、大寺の造営に役に立ったことであろう。弘仁十一年（八二〇）に従四位下に叙され、神祇伯に任じられた。父親の官歴を考えれば、これでも異数の出世と言えるであろう。若い頃から学問や諸道に励んだ甲斐もあったというものである。

しかし、中央官としての真勝の活躍も、ここまでであった。位階こそ従四位上に上ったものの、その後は甲斐守と伊予守を歴任し、冒頭に触れたように、伊予守で卒去した。七十三歳というから、当時としては長寿に恵まれた方であった。

真勝の学識故か、弘仁三年（八一二）には『日本書紀』の講読に与り、弘仁六年に成立した古代氏族の系譜書である『新撰姓氏録《しんせんしょうじろく》』の編纂にも参画している。はたして真勝は、名門阿倍氏については、どのように関わったのであろうか。

卒伝によると、真勝の性格は飾り気がなく律儀で、媚び諂《へつら》うことを好まなかったとある。こういった人が職場にいてくれると、一服の清涼剤のように清々しい気分になるものである。また、老荘を学び、文章をよく口にして読みも流暢であったが、その内容には精通していなかったともある。私なども気を付けなければならないことである。ただし、あくまでこれは、専門の学者と比較すればの話であって、官人としては十分な教養を身につけていたと理解すべきであろう。

卒伝は、歴任した官職では寛静（緩やかで穏やかなこと）をもって対処したと賞賛されたと結ばれている。このような上司（まして長官）がいてくれればなあ、と羨しく思う今日この頃である。

清廉さゆえ民を苦しめた？古代の名族・佐伯氏の官人

佐伯清岑

大伴氏とともに軍事を掌る氏族

これも古代の名族であった佐伯《さえき》氏の官人である。『類聚国史《るいじゅうこくし》』『日本紀略《にほんきりゃく》』に引かれた『日本後紀《にほんこうき》』巻三十五の天長《てんちょう》四年（八二七）四月丁巳条（二十六日）には、次のように見える。

散位《さんい》正四位下佐伯宿禰清岑《きよみね》が卒去した。清岑は従五位下男人《おひと》の孫で、従五位下人麻呂《ひとまろ》の息男である。延暦《えんりゃく》二十四年に従五位下に叙され、弘仁《こうにん》十三年に従四位上に至った。温顔で、人に対して怒りを顔に出すことがなかったが、緩急の間で、適切に処理することが、はなはだ下手であった。清い心で節を守ることは、仰いで称《たた》えるべきものがあった。政化を遠くまで

致し、地方官として悪い噂が立つことがなかった。但し、かつて上野守に任じられた時、通例の出挙《すいこ》の他に、更に加挙《かこ》を行なった。国内に未納の煩いが多く、民は返済できずに逃亡するなどの苦しみがあった。常陸守に遷任した時も、同様に出挙の加増を行なった。百姓はこれを愁訴し、名地方官としての評判を得ることができなかった。下僚の国司が言上して、出挙の加増は停止となった。任期が満ちて入京し、豊島《てしま》の別業《べつぎょう》で死去した。時に行年は六十五歳。

佐伯氏というのは、『新撰姓氏録《しんせんしょうじろく》』で天孫降臨に際し瓊瓊杵尊《ににぎのみこと》に従った天忍日命《あめのおしひのみこと》を祖と主張する、大伴《おおとも》氏と同祖とされた氏族である。『万葉集《まんようしゅう》』の大伴家持《やかもち》の歌にも「大伴と佐伯の氏」と並んで詠われている。

大伴氏とともに軍事を掌る氏族とされ、皇極《こうぎょく》四年（六四五）の飛鳥板蓋宮での蘇我入鹿《いるか》暗殺事件にも功があったし、律令制成立後にも武官に任じられる官人を輩出した。しかし、天平宝字《てんぴょうほうじ》元年（七五七）の橘奈良麻呂《ならまろ》の変や延暦四年（七八五）の藤原種継《たねつぐ》暗殺事件に関与して罰せられる者も出て、氏族としての勢力は次第に衰えていった。議政官に任じられた官人は、東大寺《とうだいじ》・西大寺《さいだいじ》・長岡宮造営の功績によって延暦三年（七八四）に参議に上った今《いま》毛人《えみし》しかいない。

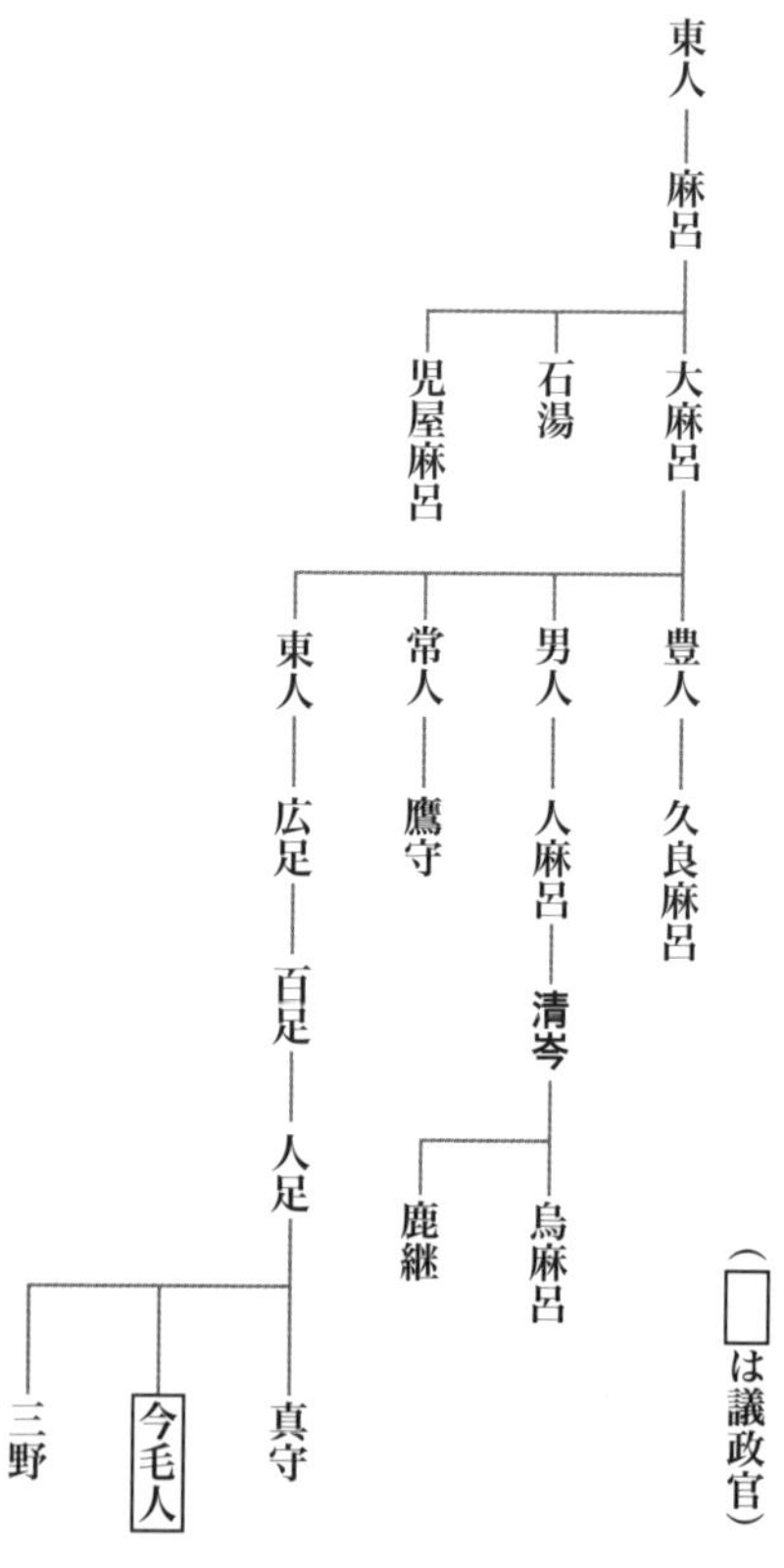

清岑が生まれたのは天平宝字七年（七六三）のことで、恵美押勝《えみのおしかつ》の乱の前年のことであった。延暦二十四年（八〇五）に四十三歳でようやく従五位下に叙爵され、翌大同《だいどう》元年（八〇

六）に但馬介に任じられた。この時の功績が認められたのか、あるいは軍事氏族としての佐伯氏出身の故か、次には陸奥守に抜擢された。

そして弘仁二年（八一一）、陸奥出羽按察使の文室綿麻呂《ふんやのわたまろ》と共に、陸奥・出羽両国の兵二万六千人で、蝦夷の爾薩体《にさったい》・幣伊《へい》の二村（現在の岩手県北部から青森県南部にかけて）を征討したいと奏上し、許されている。これが最後の「征夷」ということになったが、これは「征夷終結のための征夷」と称されている。

「薬子《くすこ》の変（平城《へいぜい》太上天皇の変）」を制圧して平安京を「万代宮《よろずよのみや》」の帝都として確立した直後の嵯峨《さが》天皇にとってみれば、その権威の確立に「征夷」を活用したというところであろう。実際には、双方とも決定的な勝利を収められないまま、三十八年にわたる「征夷」は終結した。

清岑はこの「功績」もあって昇進し、弘仁三年（八一二）に正五位下に昇叙され、翌弘仁四年（八一三）には右少弁に任じられて、中央官となった。しかし、弘仁十年（八一九）に従四位下、弘仁十三年（八二二）に従四位上、天長元年（八二四）に正四位下と、位階は順調に昇進したものの、その間に任じられたのは、上野守や常陸守といった、東国、しかも蝦夷と国境を接する国の国司であった。やはり軍事氏族の伝統が影響したものか、それとも清岑の能力の問題であったのかは、定かではない。

しかもこの間、清廉な人物ではあり、政化を遠くまで及ぼし、悪い噂が立つことはなかったものの、政務を適切に処理することは下手であったという。加挙といって公出挙《くすいこ》で各国毎に定めた稲の貸出額（例挙）以上の出挙を行なった結果、国内に未納が多く発生し、民は返済できずに逃亡するなど苦しんだとある。

結局、地方官としての名声を得ることはできず、下僚の国司による中央への告発によって、加挙は停止させられた。任期を終えて、天長年間初頭に帰京した後は新たな官に就くことはできずに散位で過ごし、天長四年に別邸で卒去したのである。六十五歳。

卒伝は、穏やかな温かみのある顔つきで、他人に対して怒りの感情を見せることがなかったとその人物を賞讃するが、このような温顔で租税を増やされては、堪《たま》ったものではない。これも武人としての融通のなさのなせる業だったのであろうか。

まあそれでも、目先が利いて私腹を肥やすような輩や、権力欲に取り憑かれてひたすら出世を求めるような連中よりは、どれだけマシなことであろうか。

出世より趣味を選んだ藤原京家の始祖・麻呂の子孫

藤原継彦

「当初から振るわなかった」藤原京家

久しぶりに藤原氏の官人について述べよう。とはいえ、左大臣として不比等《ふひと》の嫡流であった武智麻呂《むちまろ》に始まる南家や、内臣として不比等の専権を継承した房前《ふさざき》に始まる北家、人事権や軍事権を掌握した宇合《うまかい》に始まり、奈良時代末期から平安時代初期にかけて多くの権臣や后妃を輩出した式家の官人ではなく、始祖の麻呂《まろ》以来、「当初から振るわなかった」と教科書に記されている京家の官人である。

『類聚国史《るいじゅうこくし》』『日本紀略《にほんきりゃく》』に引かれた『日本後紀《にほんこうき》』巻三十六の天長《てんちょう》五年（八二八）二月癸丑条（二十六日）には、次のような薨伝が載っている。

従三位藤原朝臣継彦《つぐひこ》が薨去した。云々。生まれつき聡敏で、識見と度量を有していた。もっとも天文暦法に精通した。また笛や弦楽器に習熟していた。酒盃を重ねて酔っていても、奏楽に誤りがあると、必ず正した。時に行年は八十歳。

京家の始祖である麻呂は、天武《てんむ》天皇の夫人として新田部《にいたべ》皇子を産んだ藤原五百重娘《いおえのいらつめ》（鎌足《かまたり》の女）が、天武の死後、異母兄の不比等と通じて産んだ子である。麻呂は蘇我氏の血を引く石川娼子《しょうし》（媼子）が産んだ三人の兄たちとは異なって権力に恬淡で、『尊卑分脈《そんぴぶんみゃく》』の「麿《まろ》卿伝」によると、常に、「上には聖主《せいしゅ》（聖武《しょうむ》天皇）が有り、下には賢臣《けんしん》（武智麻呂や房前たち）が有る。僕の如きは何を為すであろう。やはり琴と酒に専念するだけだ」と談っていたということ、まことに愛すべき人物であった。

その麻呂は、多賀城（現宮城県多賀城市）から出羽柵（現秋田市）に達する道路の建設が計画された際、途中の男勝（現秋田県湯沢市）を制圧するため、天平《てんぴょう》九年（七三七）四月に持節大使として発遣された。この使節は一度も軍事行動を起こすことなく、任を果たした。疫病流行のなか、このまま多賀城ででも待機していれば、麻呂も命を落とさずにすみ、もしかしたら麻呂政権の誕生もあったのであろうが、そうはならなかった。

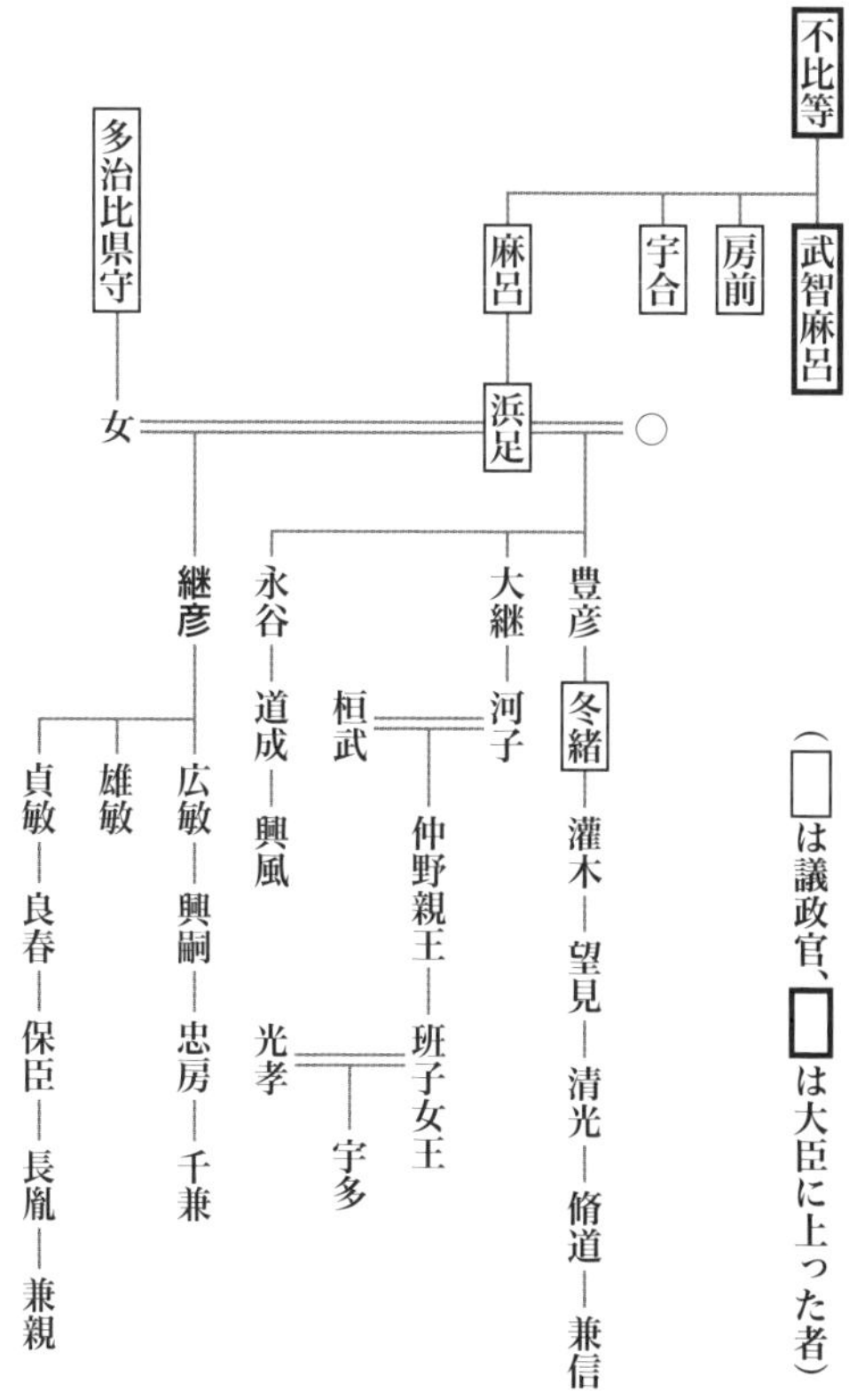
（□は議政官、■は大臣に上った者）
不比等
武智麻呂
房前
宇合
麻呂
浜足
○
女
多治比県守
豊彦
大継
永谷
継彦
冬緒
灌木
望見
清光
脩道
兼信
河子
桓武
仲野親王
班子女王
宇多
道成
興風
光孝
広敏
興嗣
忠房
千兼
雄敏
貞敏
良春
保臣
長胤
兼親

急いで七月に帰京した麻呂は、兄たちと同じ運命をたどり、疫病に罹って死去した。『尊卑分脈』の「麿卿伝」には、「其の命を終えるに及んでは、朋友は血の涙で泣いた」という伝記が載っている。これも麻呂の人柄によるものであろう。

権力欲がなく、琴と酒に専念した麻呂の政権が生まれ、その子孫が藤原氏嫡流として後世にまで続けば、日本の歴史はまったく違った様相を見せたはずであるが、残念ながらそんなことにはならなかった。

麻呂の男子として確認できるのは、浜足《はまたり》（浜成《はまなり》）のみである。琴と酒が好きな麻呂は、女性には恬淡だったのであろう。浜足（母は何と因幡国 造《いなばのくにのみやつこ》気豆《けず》の女）はその薨伝に、「ほぼ群書に渉り、頗る術数を習う」と称される才能の持ち主であった。しかし、せっかく参議に上ったものの、天応《てんおう》二年（七八二）に起こった氷上川継《ひかみのかわつぐ》の変で左降され、男たちもそれに連坐してしまった。継彦は浜足の三男であった。

ただし、浜足の子孫は細々と生き残り、貞観《じょうがん》十一年（八六九）に冬緒《ふゆお》が参議に任じられ、大納言にまで昇進することになる。元慶《がんぎょう》三年（八七九）に元慶官田《かんでん》の設置を奏上した。地方官を歴任し民政に通じた有能な官僚であり、また露蜂房《ろほうぼう》と槐子《えんじゅ》を服用し、八十歳を過ぎても頭髪に白髪なく、房室《ぼうしつ》も断たなかったとされる。

なお、浜足の子大継《おおつぐ》の女の河子《かし》は桓武《かんむ》天皇の宮人に召され、仲野《なかの》親王を産んだが、家の興隆には結び付かなかった。ただし、仲野親王の女に、光孝《こうこう》天皇女御で宇多《うだ》天皇の母となった班子《はんし》女王がいることから、京家の血脈は女系で天皇家に入り込み、現在に至っている。

さて、継彦は、天平勝宝《てんぴょうしょうほう》元年（七四九）の生まれ。浜足の子のなかで、継彦だけが生母の系譜が多治比県守《たじひのあがたもり》の女（本名は不明）とわかっている。多治比氏は宣化《せんか》天皇の子孫で、県守は中納言に至った人物である。継彦は宝亀《ほうき》十一年（七八〇）に三十二歳で従五位下に叙爵され、翌天応元年（七八一）に兵部少輔に任じられた。まずは順調なスタートだったと言えよう。

しかし、先に述べたように、天応二年の氷上川継の変において、父浜足と共に連座して解官となった。後に赦されて任官されたものの、延暦《えんりゃく》八年（七八九）に四十一歳で主計頭、延暦十八年（七九九）に五十一歳で左少弁・陰陽頭、延暦二十四年（八〇五）に五十七歳で左中弁、大同《だいどう》元年（八〇六）に五十八歳で民部大輔、弘仁《こうにん》元年（八一〇）に六十二歳で山城守、この頃、刑部卿を歴任するなど、官人としての歩みは鈍った。とはいえ、数々の要職を歴任するなど、桓武・平城《へいぜい》・嵯峨《さが》天皇といった歴代の天皇にとっては、頼りになる有能な官人だったのであろう。

そして弘仁十三年（八二二）に七十四歳で従三位に昇叙され、公卿に列したが（したがって、卒伝ではなく薨伝が正史に遺った）、議政官に任じられることはなく（非参議）、天長五年に薨去したのである。

生まれつき、聡明鋭敏で、見識を有しており、度量もあったとなると、もっと出世してもよさそうなものであるが、やはり京家の出身ということで、式家や北家の権力中枢からは疎んじられたものと思われる。

また、天文や暦法にも精通し、笛や弦楽器にも熟練していたというのであるから、なんだかものすごく立派な人物に思えてくる。官人としての栄達がすべてに優先するような人物であれば、この官歴には不満だったことであろうが、おそらくは、あまり出世して忙しくなったり権力闘争に巻き込まれたりするよりは、ほどほどの地位に留まって、趣味の世界に生きた方が楽しいと思うような人物だったのではあるまいか（私のことなのだが）。

私がすごいなと思ったのは、曲の演奏に誤りがあると、酒杯を重ねて酔っていても必ず後に振り返って正したという、薨伝の末尾の部分である。おそらくは『日本後紀』の編者も、これに感動して、薨伝に載せたのであろう。人間誰しも、酒に酔っていくと、もうどうなってもいいやという気分になるものであるが、それでも音楽には厳しくて、誤りを見過ごせない性格だったのであろう。私としては、これは趣味に関することだけであったのか、はたまた仕事の場合もそうであったのか、気になるところであるが。

なお、継彦の五男の雄敏《おとし》は、法律に通じ、『令義解《りょうのぎげ》』撰者の一人となっている。また、継彦六男の貞敏《さだとし》は琵琶の祖で、雅楽《ががく》の日本への移入と国風化に寄与した人物である。こうして京家は管絃の家へとつながっていく。和歌の興風《おきかぜ》、和歌・舞楽の忠房《ただふさ》など、平安文化の興隆に特異な光芒を放った人物を輩出している。これも祖である麻呂の遺徳と称すべきであろう。

藤原麻呂邸故地

天皇に寵愛されながらも政争に翻弄された内親王

酒人内親王

美麗で柔質、倨傲でも天皇は咎めず

女性を取り上げるのは、はじめてであろうか。光仁《こうにん》天皇皇女で桓武《かんむ》天皇の妃となった酒人《さかひと》内親王である。『日本紀略《にほんきりゃく》』『東大寺要録《とうだいじようろく》』に引かれた『日本後紀《にほんこうき》』巻三十七の天長《てんちょう》六年（八二九）八月丁卯条（二十日）には、次のように見える。

二品酒人内親王が薨去した。光仁天皇の皇女である。母は贈吉野皇后（井上《いのうえ》内親王）である。容貌が美麗で、たおやかにして、上品で奥ゆかしかった。幼くして斎宮となり、年を経て退下し、すぐに三品に叙された。桓武天皇はこれを後宮に納れ、寵愛は盛んであった。朝原《あさはら》内親王を産んだ。生まれつき傲《おご》り高ぶっていて、感情や気分が不安定であった。天皇は咎めず、その欲する所に任せた。そのため婬行《いんこう》(あるいは婬行《ようこう》)がいよいよ増し、自制することができなくなった。弘仁《こうにん》年中に、年老い衰えたのを憐れんで、特に二品を授けた。常に東大寺に於いて万燈会《まんとうえ》を行ない、死後の菩提のための資《たす》けとした。僧侶たちはこれを寺の行事として広めた。薨去した時、行年は七十六歳。

称徳《しょうとく》天皇が皇太子を定めないまま死去した際、式家を中心とする藤原氏が、遺詔を偽作して、聖武《しょうむ》皇女の井上内親王と結婚して他戸《おさべ》王を儲けていた天智《てんじ》孫王の白壁《しらかべ》王を立太子させて即位させた(光仁天皇)ことは、先に述べた。この井上内親王には、もう一人、子がいたのである。それがこの酒人内親王である。

酒人内親王は、天平勝宝《てんぴょうしょうほう》六年(七五四)の誕生。他戸王(光仁の即位後に親王)よりも三歳、年少であった。宝亀《ほうき》元年(七七〇)に三品に叙された。二年後の宝亀三年(七七二)三月に母の井上内親王が光仁を呪詛した事件に連坐して皇后を廃され、それにまた、五月に他戸親王が連坐して皇太子を廃されてしまったことも、先に述べた。

そしてその年の十一月十三日、酒人内親王は、十九歳で伊勢の斎王に卜定された。すでに成人していた酒人の卜定は、なにやら事件との関連が気にかかるところである。潔斎のため、

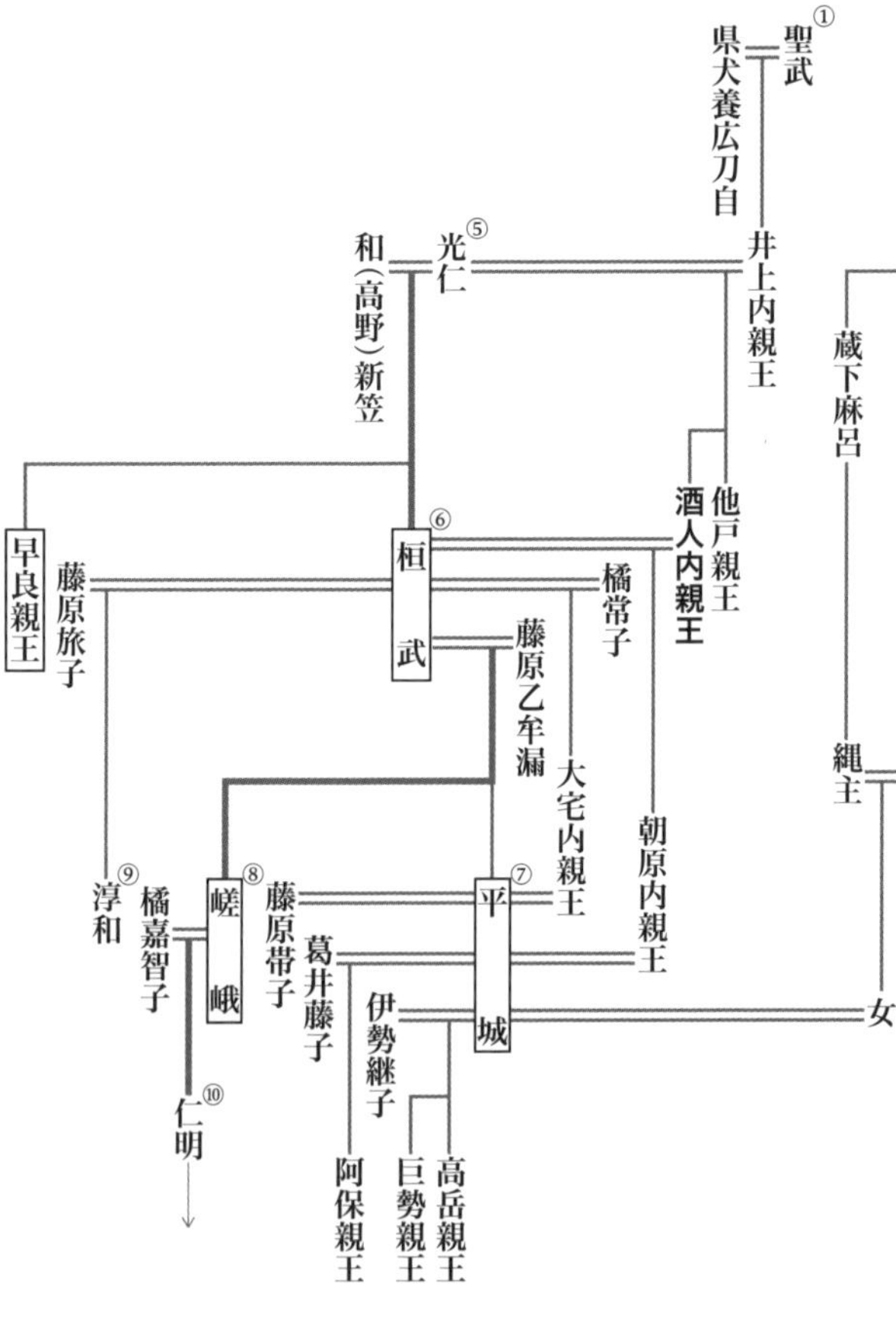

（数字は即位順、太線は嫡流）

春日斎宮に籠った後、宝亀五年（七七四）九月に、伊勢斎宮に群行した。

このまま伊勢での穏やかにして厳粛な日々が続くと思われたのも束の間、翌宝亀六年（七七五）四月、井上内親王と他戸親王が、幽閉先で同日に急逝した。もちろん、自然死ではなかろう。近親が死去すると、伊勢斎宮は退下して都に戻るのが通例である。酒人は群行とは別のルートを通って帰京したことであろう。

帰京後、酒人は新たに皇太子の座に坐った異母兄の山部《やまべ》親王（後の桓武天皇）の妃となった。聖武天皇の血を引く酒人との婚姻による、新皇統の荘厳がはかられたのであろう。酒人は、宝亀十年（七七九）に朝原内親王を産んだが、この朝原内親王も後に伊勢斎王に卜定された後、桓武の皇太子である安殿《あて》親王（後の平城《へいぜい》天皇）の妃となった。

遺言状に見られる死生観

この世代にいたっても、天智系と天武《てんむ》系の両方の血を引く皇統の創出が構想されており、しかも酒人や朝原は光仁や桓武の血を引いている。平城と朝原との婚姻は、奈良時代の直系皇統（聖武）の権威の継受を意図したものであり、皇位継承権に正当性を獲得しようとしたものであった（河内祥輔『古代政治史における天皇制の論理』）。天武系・天智系を統合した新たな嫡流皇統の創出というわけである。

しかし、平城は、朝原はもちろん、大宅《おおやけ》内親王（桓武皇女）・藤原帯子《たいし》からも皇子を誕生させることはなく、身分の低い葛井藤子《ふじいのとうし》（河内《かわち》国の百済《ひゃくさい》系渡来《とらい》氏族出身）や伊勢継子《いせのけいし》（伊勢国の中臣《なかとみ》系豪族出身）から皇子を誕生させた。平城は桓武の、また藤原氏の皇位継承構想に反旗を翻《ひるがえ》したことになり、やむなく同母弟の神野《かみの》（後の嵯峨《さが》天皇）を皇太弟とした。皇統創出の責務は同母弟の神野親王（後の嵯峨天皇）に託されたのである（春名宏昭『平城天皇』、倉本一宏『敗者たちの平安王朝 皇位継承の闇』）。

さて、朝原は弘仁八年（八一九）に死去した。酒人は大変悲しみ、弘仁十四年（八二三）に空海《くうかい》に代作させた遺言状（『遍昭発揮性霊集《へんじょうほっきしょうりょうしゅう》』所収）に、その悲しみを表わしている。この遺言状の中で、酒人は、次のように述べている（『弘法大師空海全集』第六巻、筑摩書房、一九八四年による）。

また、子を助け育てるものは親であり、先祖を長く追慕するのは子です。私にも一人の子がありましたが、不幸にも私より先に露となりました。

いまこれを顧みれば心の痛むことこのうえない。後事を託す子もいないのです。ゆえに私は三人の親王・内親王を亡くした子に代わる三人の男女とし、私の死を慎む道を、「猶子」のことは、儒教の礼家の尊ぶところです。この三人に任せるのです。

そして猶子にした式部卿・大蔵卿（共に名は不明）、安勅《あて》内親王の三人に、葬儀は火葬ではなく土葬とすること、副葬する品々はわずかな物でよいこと、所領地は全て三人と僧の仁主《にんしゅ》に分け与えること、その他の物は長年仕えてくれた家司と侍女たちに分け与えること、などを述べている。

酒人が死去したのは、先に挙げた天長六年八月二十日、七十六歳であった。その死によって、聖武の皇統に繫がる皇族は完全に絶えたのである。その甍伝は、『東大寺要録』に引かれた『日本後紀』に載せられている。「容貌が美麗で、たおやかにして上品で奥ゆかしかった」とあるものの、「生まれつき傲《おご》り高ぶり、感情や気分が不安定であったが、（桓武）天皇は咎めず、その欲する所に任せた。そのため婬行（あるいは婬行）がいよいよ増し、自制することができなくなった」と続く。

一見すると、生まれつきのわがままに任せて「婬行」を続け、「性的にしまりがなかった」と解することもできよう。しかし、『東大寺要録』の板本や刊本には「婬行」とするものも多い。「婬」の字は「肩を曲げて歩くさま」、そこから転じて「見目良い」「美しく舞う」「戯れる」といった意味もある。こうなると、豪華華麗な交友や、万燈会などの華やかな催しを好んだという意味であったのかもしれない。また、「婬」には性的に淫乱という意味以外にも、「たわむれる」「おぼれる」という意味もある。なにかにつけて、たとえば万燈会のような宗教行事とかに没頭するタイプの人だったのであろう。

それよりも、先ほど挙げた遺言状に見られる死生観こそ、(空海の代作とはいえ)酒人の思いが凝縮されたもののような気がしてならない。長文になるが、以下にその現代語訳を引いておく。

私、酒人内親王は、式部卿・大蔵卿・安勅の三人の親王方に遺言申し告げます。
そもそも天の道はもともと虚無なのです。終わりもなく始めもない。
陰陽の気が合わさってもっとも霊的なもの即ち人間が起きてくる。
この起きてくることを生、帰ることを死と呼んでいます。

生死の分れ目は、万物の帰するところにあるかどうかだけなのです。

私は齢が従心(七十歳)、気力ともに尽きた。ましてや私を構成している四つの力(地・水・火・風)は、私の身体の中で闘いあい、二匹の鼠が藤の綱を噛み切りあうような様子なのです。

荘子《そうし》が夢に蝶となった故事は知っていましたが、わが身におよび魂のはたらきが休止しようとは驚きです。

また、子を助け育てるものは親であり、先祖を長く追慕するのは子です。私にも一人の子がありましたが、不幸にも私より先に露となりました。

いまこれを顧みれば心の痛むことこのうえない、後事を託す子もいないのです。

「猶子」のことは、儒教の礼家の尊ぶところです。

ゆえに私は三人の親王・内親王を亡くした子に代わる三人の男女とし、私の死を慎む道を、この三人に任せるのです。

私は死後、荼毘に付されることは望んでいません。体は塚穴に土葬とし、自然に帰るに任せてほしい。葬具や副葬品もどうか簡略にしてください。

これが私の願いです。追善供養の斎も存世中に済んでいます。

もしやむを得ず行う場合は、興福寺《こうふくじ》で七七日忌の経をあげてください。

一周忌の法要は東大寺にて開いてください。

私の所有する田地・家宅・林野・牧場などの類は、三人の親王と、縁の深かった僧侶・仁主に分け与えます。残りはそれぞれの骨折りに応じ、家司・家僕・童孺たちに分け与えてください。亡き姑の遺言です。

斎宮復元模型(いつきのみや歴史体験館)

官歴を消された藤原北家の官人が遺したもの

藤原真夏

藤原北家の嫡流の長男・真夏

藤原北家の主流の人物を取り上げるのは、珍しいことである。内麻呂《うちまろ》の嫡男の真夏《まなつ》である。まずは『類聚国史《るいじゅうこくし》』『日本紀略《にほんきりゃく》』に引かれた『日本後紀《にほんこうき》』巻三十八の天長《てんちょう》七年（八三〇）十一月庚辰条（十日）をお読みいただきたい。

散位《さんい》従三位藤原朝臣真夏が薨去した。云々。生まれつき言葉を巧みに飾るところが有り、状況に合わせて処世した。音楽に絶妙の才能を示した。大同《だいどう》の初年、大嘗会所（行事所）に詰め、華美な標《しめ》を造り、盛大な八佾《やつら》の舞を演出した。大嘗会で莫大な費用をかけるようになったのは、これより始まると称すべきものである。時に行年は五十七歳。

一見すると、言動や音楽の才能に溢れた上級官人が死去しただけの記事に見えるが、その系譜や官歴が記載されていないのは、いささか不審である。散位というのは位階だけあって官職のない者のことであるが、この頃になると高位を持った官人の数は膨大なものになっていたので、官職にあぶれた官人も、それほど珍しいことではない。

しかし、この真夏が北家の嫡流で右大臣内麻呂の長男であり、死去したのが壮年の五十七歳であったことを考え併せると、何かしら特殊な事情が裏に存在したのではないかと勘ぐりたくもなる。

真夏は宝亀《ほうき》五年（七七四）に内麻呂の長男として生まれた。母は飛鳥部奈止麻呂《あすかべのなとまろ》の女《むすめ》の百済永継《くだらのながつぐ》。渡来系の女性であったが、内麻呂の次男で後に権力を得て左大臣にまで上った冬嗣《ふゆつぐ》と同母なのであるから、生母の出自が出世の妨げになったわけではない。

なお、永継は後に女孺となり、桓武《かんむ》天皇の寵愛を得て皇子を産んだが、その子は親王となることはなく、臣籍に降下して良岑安世《よしみねのやすよ》となっている（大納言まで上っているが）。永継も正式な后妃に数えられることはなかった。

さて、真夏は延暦《えんりゃく》二十二年（八〇三）に三十歳で従五位下に叙爵され、中衛権少将と春

（□は議政官、□は大臣に上った者、数字は氏長者継承順）

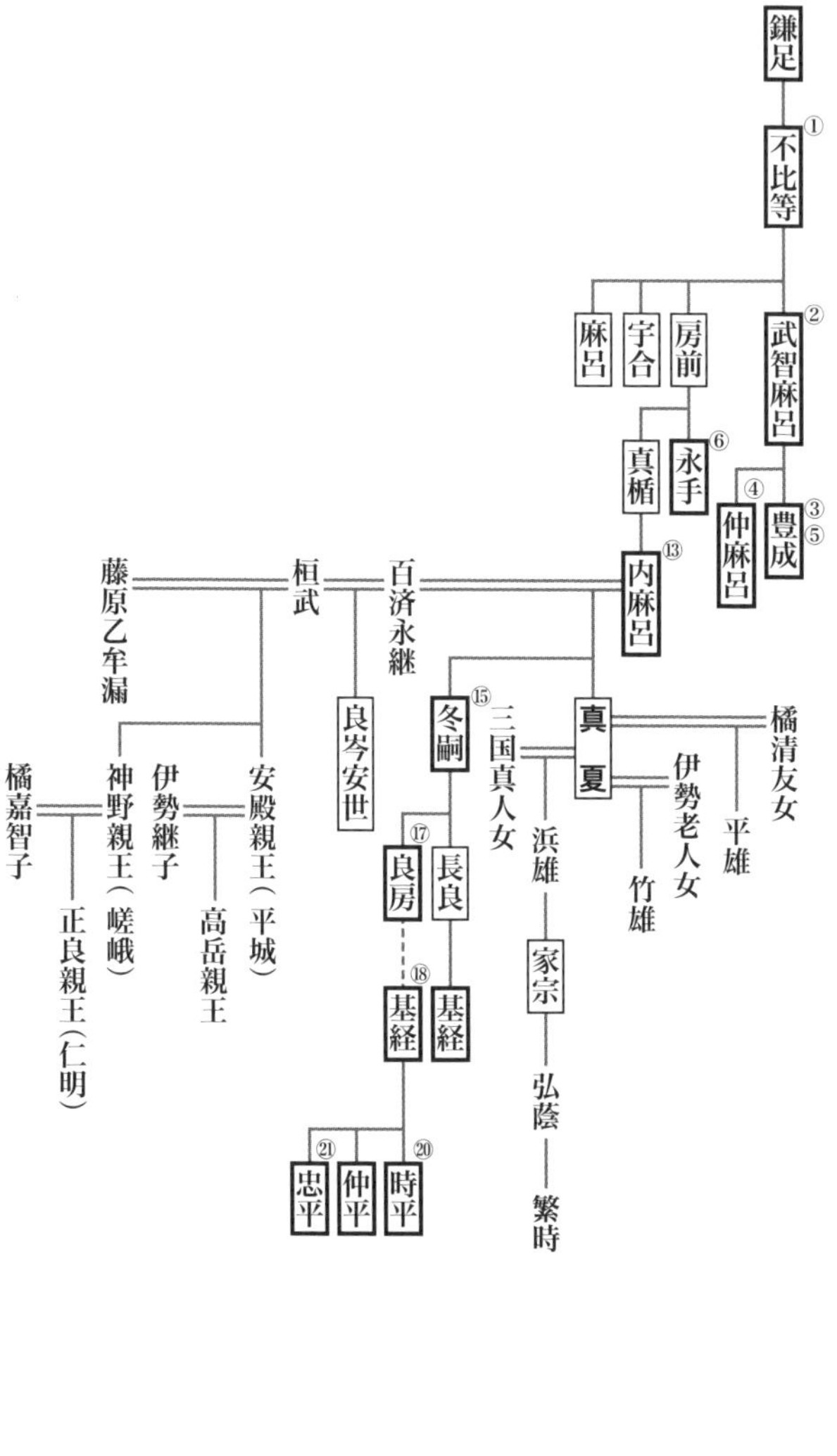

宮権亮に任じられた。内麻呂の長男として、まずは順調なスタートを切ったと言っていいだろう。この時の東宮は安殿《あて》親王（後の平城《へいぜい》天皇）で、ここで真夏は安殿の側近となったことになる。なお、真夏と安殿は同年の生まれであった。

なお、真夏の妻として名が知られているのは、橘清友《きよとも》の女と伊勢老人《おきな》の女である（他に名前の判明しない三国真人の女もいる）。つまり真夏の妻は、一人は嵯峨《さが》天皇皇后橘嘉智子《かちこ》の姉妹、一人は平城天皇宮人伊勢継子《つぎこ》の姉妹ということになる。真夏が藤原北家の嫡流として、若年時にいかに期待されていたかを示すものである。

なお、同母弟冬嗣の妻は、藤原真作《まつくり》の女美都子《みつこ》、百済王仁貞《くだらのこにきしにんじょう》の女、安倍男笠《おがさ》の女、島田村作《むらつくり》の女、大庭王《おおば》の女であり、明らかに王権に連なっている真夏の妻の方が有力である。

安殿が即位して平城の代になると、ますますその信任を受け、大同《だいどう》元年（八〇六）に従四位下に昇叙され、近衛権中将に任じられた。翌大同二年（八〇七）には右近衛中将に上り、武蔵守・内蔵頭・中務大輔などを兼任するなど、その優遇が露わになる。

大同四年（八〇九）四月に、平城は同母弟の神野《かみの》親王に譲位し、嵯峨天皇が即位した。そして真夏は、山陰道観察使として公卿の列に加わった。観察使というのは平城が定めた職で、参議を改めたものである。十一月には、平城太上天皇の御所として旧平城宮に建設する宮殿の占定を行ない、弘仁《こうにん》元年（八一〇）には造平城宮使に任じられるなど、相変わらず平城の腹心として行動している。

実はこれが、真夏が出世できず、薨伝にも官歴を記されなかった理由なのである。平安京の嵯峨天皇、平城宮の平城太上天皇という、「二所朝廷」といった政治情勢の中、内麻呂は長男の真夏を平城の側近に配し、次男の冬嗣を嵯峨に接近させたのである。

政治の分裂に際し、兄弟を両陣営に配して、どちらかの家系の存続をはかるという手法は、関ヶ原の戦の際の真田家や、戊辰戦争の際のいくつかの藩で見られたものである。しかし、この手法は必ず一方の繁栄の影で、一方の没落を招く。勝った側の冬嗣は藤原北家の嫡流の座を真夏から奪い、真夏とその家は没落していったのである。

弘仁元年六月、観察使廃止にともなって参議に任じられたが、もはや真夏の政治生命は風前の灯となっていた。九月に起こった「平城太上天皇の変（薬子《くすこ》の変）」が、嵯峨の側から起こされたクーデターであったことは、すでに何度も述べてきた。平城は出家して旧平城宮で余生を送ったが、側近たちはそうはいかなかった。

真夏は平安京に呼び戻され、参議などの諸官を解かれたうえで、伊豆権守、ついで備中権守に左遷された。三十七歳の時のことであった。この政変の最中に冬嗣がはじめての蔵人頭に補され、嵯峨側近の座を確固たるものとしたのとは、対照的であった。まさに内麻呂の思惑どおりということになる。

真夏は二年後の弘仁三年（八一二）に罪を赦されて本官に復されたものの、これは本位の誤記であろう。直前に内麻呂が薨去しているのは、偶然であろうか。『公卿補任《くぎょうぶにん》』では、変わらず「前参議」とある。

勝者の側からの後ろめたさの象徴

この頃、真夏は平城が居住する大和国の守に任じられた。弘仁十四年（八二三）に平城が平城宮の諸司を停止し、残っていた平城宮の官人を朝廷に返却した際、また同年、平城が太上天皇の尊号を除くことを請う書状を淳和《じゅんな》天皇に奏上した際には、真夏が使者を務めている。お互い没落しながらも、平城の最晩年まで、側近として仕えていたのである。

一方の冬嗣は弘仁十二年（八二一）に右大臣に上り、廟堂の頂点に立った。さすがに兄の処遇には考えるところがあったのであろう、真夏は翌弘仁十三年（八二二）に従三位に昇叙された。

天長五年（八二八）には刑部卿に任じられた。すでに五十五歳に達していた年である。左大臣として朝廷を支えていた冬嗣は、すでに天長三年（八二六）に五十二歳で薨じていた。

真夏が散位のまま薨去したのは、天長七年（八三〇）十一月十日のことであった。その薨伝に系譜や官歴が記載されていない事情は、もうご理解いただけたであろう。父である内麻呂の思惑によって平城の側近に配され、その破綻と運命をともにした真夏については、それらの経緯を記録するわけにはいかなかったのである。

勝者によって作られる正史は、嵯峨とその子孫の天皇、冬嗣とその子孫の藤原氏嫡流によって、その文脈が規定された。勝者の側からの後ろめたさの象徴が、真夏だったことになる。その薨伝は、言葉を巧みに飾るとか、時宜に合わせた処世ができたとか、音楽の才能に恵まれていたとか、大嘗会での標や舞の演出といった、あたりさわりのないものばかりが並べられている。

もっともこれも、大嘗会は平城の即位にともなうものだったから、ことさらに豪華にしたのだろうとか、時宜に合わせた処世ができたのならば平城に最後まで付き従うこともなかったはずであるとか、本人が見たら言いたいことはたくさんあることであろう。

真夏の子としては、橘清友女から平雄《ひらお》、伊勢老人女から竹雄《たけお》、三国真人女から越雄《こしお》と浜雄《はまお》が、それぞれ生まれており、他に生母不明の子女として吉備雄《きびお》・是雄《これお》・多雄《まさお》・恒雄《つねお》・松雄《まつお》・栢雄《かやお》・輔房《すけふさ》・関雄《せきお》、藤原高房《たかふさ》室となった女子・藤原愛発《ちかなり》室となった女子・藤原近岑《ちかみね》室となった女子・藤原三成《ただなり》室となった女子が知られる。

随分と子だくさんだったようであるが、当然ながら、高位高官に上った者はいない。浜雄が民部少輔、是雄が春宮亮、関雄が治部少輔に任じられたことが知られるくらいである。ただ、浜雄の子の家宗《いえむね》は参議に任じられ、山城《やましろ》国宇治郡日野《ひの》（現京都市伏見区日野）の地に法界寺《ほうかいじ》を創建したと伝える。ただこれは伝承に過ぎないようで、実質的には家宗五世孫の資業《すけなり》が永承《えいしょう》六年（一〇五一）に法界寺薬師堂《やくしどう》を建立し、日野を家名としたというのが正しいようである。

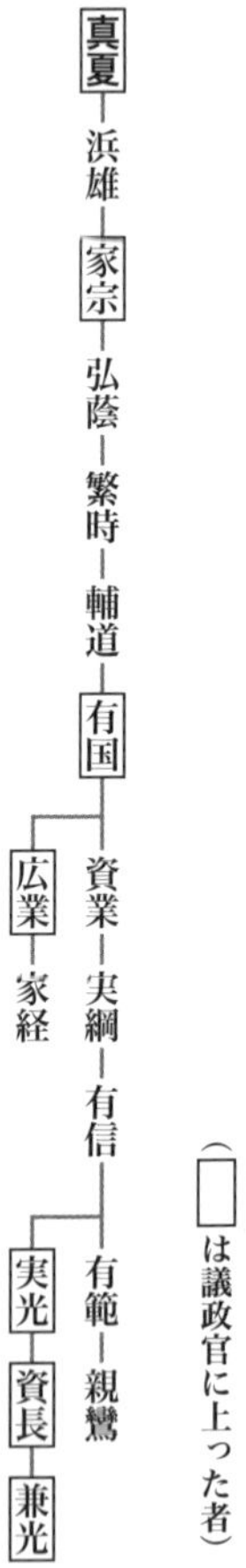

その日野家は、日記の家として、日本文化の真髄である古記録を我々に残してくれている。兼家《かねいえ》の側近となった有国《ありくに》や摂関期に活躍した広業《ひろなり》をはじめ、儒道と歌道で朝廷に仕え、鎌倉時代の俊光《としみつ》以降は権大納言に上り、大臣に任じられることもあった。資朝《すけとも》や俊基《としもと》など、鎌倉時代末期から南北朝時代の政治史に積極的に関わって処刑された者も輩出した。

室町時代には業子《なりこ》が足利義満《あしかがよしみつ》の室となってから、九代義尚《よしひさ》まで、日野家の女子が将軍の室となった。八代義政《よしまさ》の室となった富子《とみこ》は有名である。

支流は広橋《ひろはし》・柳原《やなぎわら》・烏丸《からすまる》・竹屋《たけや》・外山《とやま》・日野西《ひのにし》・勘解由小路《かでのこうじ》・裏松《うらまつ》・北小路《きたこうじ》・豊岡《とよおか》・三室戸《みむろど》などの家に分かれ、計十二家の堂上《とうしょう》家が成立した。なお、浄土真宗《じょうどしんしゅう》開祖の親鸞《しんらん》は有範《ありのり》の子であると伝わり、日野には出生の地がある。

藤原式家の官人に見る官僚人生をまっとうする尊さ

藤原世嗣

律令官人の一つの理想型

次は藤原式家《しきけ》の世嗣《よつぐ》という人物である。けっして教科書に載ることのないこの人物は、しかしながら律令官人の一つの理想型を示している。『類聚国史《るいじゅうこくし》』『日本紀略《にほんきりゃく》』に引かれた『日本後紀《にほんこうき》』巻三十九の天長《てんちょう》八年（八三一）三月己酉条（十一日）は、次のような卒伝を載せている。

従四位上藤原朝臣世嗣が卒去した。世嗣は無位清成《きよなり》の孫で、贈太政大臣正一位種継《たねつぐ》の第四子である。延暦《えんりゃく》十九年に従五位下を授けられ、大学頭に任じられた。弘仁《こうにん》十二年に正五位下に至り、天長八年に従四位上となった。若くして博く学び、心を一にして努力した。自ら才能に乏しいことを知り、身分の低い者に尋ねることを恥としなかった。人に接するときは慎み深く、どんなときでもその態度を忘れることは無かった。伊勢の国司となったが、褒《ほ》められることも、謗《そし》られることもなかった。兄の死を聞いて百里の距離を駆けつけ、それから一月も経たないうちに、相継いで卒去した。時に行年は五十三歳。

藤原世嗣（世継とも）は、宇合《うまかい》の曾孫、清成の孫、そして種継の四男にあたる。祖父の清成が無位無官で終わっているのは、天平《てんぴょう》十二年（七四〇）に広嗣《ひろつぐ》が起こした藤原広嗣の乱に連座して処刑されたか、流罪となって、赦される前に死去したからであろう。この時、綱《つな》手《て》は処刑され、良継《よしつぐ》や田麻呂《たまろ》は流罪となり、天平十四年（七四二）に赦されて帰京している。世嗣の父の種継は、桓武《かんむ》天皇の寵臣となり、長岡京の造営に専心したものの、延暦四年（七八五）に射殺されている。その一男の仲成《なかなり》は平城《へいぜい》天皇の近臣となったが、弘仁元年（八一〇）の「平城太上天皇の変（薬子《くすこ》の変）」の際に射殺された。二男の縵麻呂《かずらまろ》は従四位下大舎人頭で終わり、弘仁十二年（八二一）に死去している。三男の山人《やまひと》は正五位下駿河守で終わり、没年は未詳である。その弟が世嗣ということになる。

世嗣が生まれたのは宝亀《ほうき》十年（七七九）。延暦十九年（八〇〇）に二十二歳で従五位下に叙爵され、ほどなく大学頭、次いで侍従に任じられた。種継の子ということで、桓武の意志が強くはたらいたのであろう。

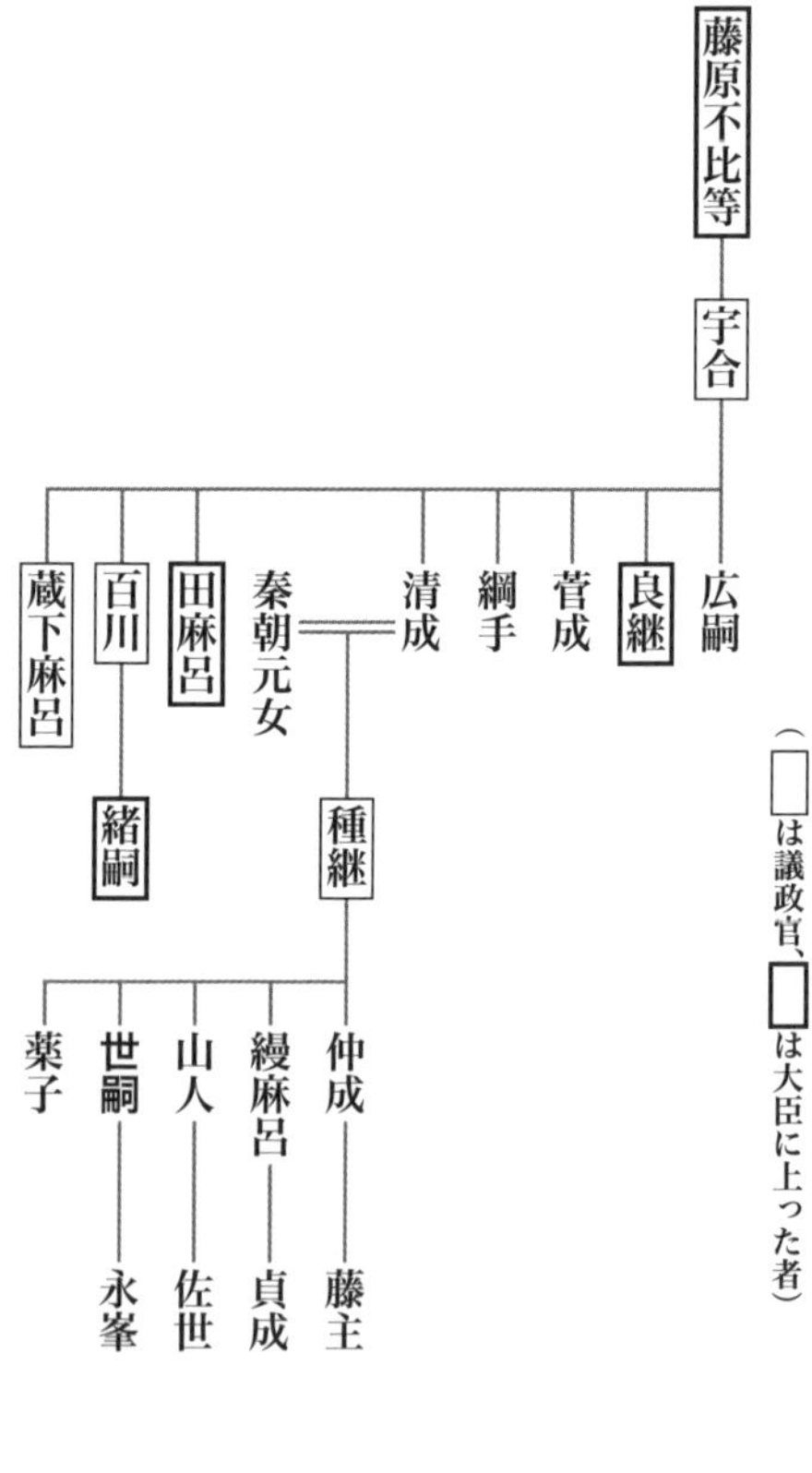

大同《だいどう》三年（八〇八）に宮内卿を兼ねているのも、長兄の仲成同様、平城の意思によるものであろう。しかし、「平城太上天皇の変（薬子の変）」に連座することはなかったとはいうものの、嵯峨《さが》天皇の下では、その昇進は止まった。弘仁二年（八一一）には右少弁を兼ねさせられ、弘仁四年（八一三）には下総介を兼ね、位階こそ従四位上まで上ったが、任じられた官は伊勢守に過ぎなかった。

そして天長八年の卒去を迎えることになるのであるが、注目すべきはその人柄である。卒伝によると、若い頃から物事を幅広く学び、鋭意精進したのは、律令官人としては当然として（そうでない者も多かったであろうが）、自ら才能に乏しい事を知り、身分の低い者に尋ねることを恥とせず、人に接するときは慎み深く、どんなときでもその態度を忘れることは無かったというのは、なかなかできることではない。

少し高い地位に就くと、上の者には媚《こ》び諂《へつら》い、下の者には威張り散らす連中ばかり見ていると（私の職場にはいない。念のため）、この世嗣の態度は特筆すべきであろう。まして当時は家柄によって身分が固定されていた時代であった。こういう人が古代にもいたのだなあと、なにやら清々しい気持になってくる。

それにも増して、自分の才能が乏しいことを自覚するというのは、まことに天晴れな人物ということになる。自分が愚かであることすらわからない愚人よりも、自分が愚かであることを知っている愚人の方が、どれだけマシなことか。常に私が自戒しているところである。

伊勢国司を勤めても、褒められることも謗られることもなかったというのも、国司として苛斂誅求《かれんちゅうきゅう》は行なわなかったということなのであろうと、勝手に考えてしまう。

そして兄の訃報に接すると、百里の道のりを駆けつけたが、それから一箇月も経たないうちに、後を追うように卒去したという。この兄は、没年未詳の山人のことであろう。

これで藤原式家、特に種継系の没落は決定的となった。仲成の子の藤主《ふじぬし》は日向・豊前・備前に配流され、縵麻呂の子の貞成《さだなり》は従五位上相摸権守、山人の子の佐世《すけよ》は官位不明、そして世嗣の子の永峯《ながみね》は、『尊卑分脈《そんぴぶんみゃく》』では刑部大丞とあるが、六国史には登場しない。

古代貴族にとって、栄達や没落は、本人の能力とは関係なく、父祖の功績や処罰によることも多い。しかし、であるからこそ、その現実を淡々と受け入れ、定められた運命の中で精一杯の官僚人生を送ることの尊さは、世嗣を見ていると再認識されてくるのである。

第二章

『続日本後紀』に見える薨卒伝

後世の伝説へ繋がる六国史に書かれた空海の最期

空海

『続日本後紀』に書かれた空海の生涯

ここから六国史の四つめ、『続日本後紀《しょくにほんこうき》』に入る。『続日本後紀』は、仁明《にんみょう》天皇の天長《てんちょう》十年（八三三）から嘉祥《かしょう》三年（八五〇）までの十八年間を扱う。文徳《もんとく》天皇の勅命により、斉衡《さいこう》二年（八五五）に編纂が開始され、貞観《じょうがん》十一年（八六九）に完成した。全二十巻。天皇一代だけの正史は『続日本後紀』がはじめてであり、次の『日本文徳天皇実録《にほんもんとくてんのうじつろく》』に受け継がれる。

最初は超有名人からご登場願おう。『続日本後紀』巻四の承和《じょうわ》二年（八三五）三月丙寅条（二十一日）には、

大僧都伝燈大法師位空海《くうかい》が、紀伊国の禅居（高野山金剛峯寺《こうやさんこんごうぶじ》）で死去した。

とあって、空海が示寂したことが見える。官人ではないので、公的な卒伝が載ることはなかったが、さすがは空海、四日後の庚午条（二十五日）に、次のような淳和《じゅんな》太上天皇の弔書《ちょうしょ》が載せられている。

天皇（仁明）が勅により内舎人一人を遣わして、空海法師の喪を弔い、喪料を施した。後太上天皇（淳和）の弔書は、次のとおりであった。

空海法師は真言《しんごん》の大家で、密教《みっきょう》の宗師である。国家はその護持に頼り、動植物に至るまでその慈悲を受けてきたが、思いもよらず、死期は先だと思っていたのに、にわかに無常に侵され、救いの舟も同前の活動をとり止め、年若くして現世を去り、帰するところを失ってしまった。ああ、哀しいことである。禅関（金剛峯寺）は都から離れた僻遠の地なので、訃報の伝わるのが遅く、使者を走らせて荼毘に当たらせることができず、恨みに思う。悼み恨む思いの止むことがない。これまでの汝（空海）の修行生活を思う時の、悲しみのほどを推量されよ。今は遠方から簡単な書状により弔う。帳簿に載る正式の弟子、また親しく教えを受け

た僧侶らの悲しみは、いかばかりであろう。併せて思いを伝える。
空海法師は讃岐国多度郡の人で、俗姓は佐伯《さえき》直である。十五歳の時、叔父従五位下阿刀《あと》宿禰大足《おおたり》について書物を読習し、十八歳の時、大学に入った。当時、虚空蔵求聞持法《こくうぞうぐもんじほう》を説く僧侶がおり、その経説によれば、この法により虚空蔵菩薩の真言を百万遍読唱すれば、一切の教典やその解釈を暗記できるということであった。そこで空海はこの菩薩の誠のこもった教説を信じ、修行への大勇猛心を起こし、阿波国の大滝山に登り、また土佐国の室戸崎で思念に耽り、深い谷で木霊《こだま》を聞き、星が口中に入る奇瑞《きずい》を経験し、これより智恵と悟りが日々に進み、この体験を文章にした。世に伝わる『三教指帰《さんごうしいき》』は、二晩で書き上げたものである。書法に勝れ、後漢の書家張芝《ちょうし》に並ぶほどであり、草聖（草書の聖人）と称された。三十一歳の時、得度し、延暦《えんりゃく》二十三年に留学僧《るがくそう》として入唐し、青竜寺《せいりゅうじ》の恵果《えか》和尚に遭い、真言を受学した。そして真言の宗義に完全に通じ、大切な経典を伴って帰朝して、密教の宗門を開き、大日如来《だいにちにょらい》の教旨を弘めた。天長《てんちょう》元年に少僧都に任じられ、同七年に大僧都に転じた。自ら終焉の地を紀伊国金剛峯寺に定め、隠棲した。死去の時、年六十三歳。

空海については、今さら私などが申すまでもないが、当時の国家（つまり天皇）が、空海をどのように認識していたかが、この弔書に集約されている。言うまでもなく、空海は平安時代前期の真言宗僧である。宝亀《ほうき》五年（七七四）、讃岐国多度郡弘田郷屏風浦（現香川県善通寺市）に誕生した。父は佐伯田公、母は阿刀氏。幼名を真魚《まお》といい、「貴物《とうともの》」と称された。延暦七年（七八八）に上京し、外舅の阿刀大足（伊予《いよ》親王の文学指導者）に就いて文書を習い、延暦十年（七九一）に大学に学んだが、一人の沙門から虚空蔵求聞持法を示され、経説実修のために阿波の大滝岳・土佐の室戸崎などの地において勤行を重ねた。

延暦十六年（七九七）に帰洛し、『三教指帰』三巻を撰して、儒・道・仏三教の優劣を論じ、仏教こそ最勝の道であるとした。延暦二十二年（八〇三）に出家し、翌延暦二十三年（八〇四）に受戒した。延暦二十三年五月十二日、遣唐大使藤原葛野麻呂《かどのまろ》に従い、第一船に乗って難波津を発し、七月六日に肥前国松浦郡田浦から渡海、八月十日に福州長渓県赤岸鎮已南の海口に著いた。十一月三日に福州を発し、十二月二十三日に長安城に入った。

延暦二十四年（唐の永貞元年）二月十日、大使らは長安を辞して明州に向かったが、空海は青竜寺の僧恵果に就いて発菩提心戒を受け、青竜寺東塔院の灌頂道場において受明灌頂に沐し（六月十三日に胎蔵界、七月上旬に金剛界）、ついで伝法阿闍梨位灌頂に沐して（八月上旬）、遍照金剛の密号を受けた。恵果はさらに両部大曼荼羅図十鋪を図絵、道具・法文などを新造・書写させて空海に付嘱し、また仏舎利など十三種物を授けて伝法の印信とし、この年十二月十五日、六十歳で示寂した。

空海は、大同《だいどう》元年（八〇六、唐の元和元年）に、帰国することを唐朝に認められ、八月に明州から出帆し、十月には筑紫大宰府の地にあった。上洛したのは大同四年（八〇九）七月に入ってからのことで、それまでは和泉の槇尾山寺《まきおさんじ》（現大阪府和泉市）にとどまっていた。入京後は高雄山寺《たかおさんじ》（現神護寺《じんごじ》、京都市右京区）に住した。弘仁《こうにん》二年（八一一）には高雄山寺の地は不便であるとして乙訓寺《おとくにでら》（現京都府長岡京市）に住した。弘仁七年（八一六）には新たに修禅の道場建立の地として高野山の下賜を請うて聴されている。空海がみずから高野の地に赴いて禅院の経営にあたったのは弘仁九年（八一八）になってからである。そして弘仁十四年（八二三）、空海は平安京の東寺《とうじ》を給預され、密教の道場としてこれを経営することになった。

天長元年（八二四）には神泉苑《しんせんえん》で請雨経法を修し、その功によって少僧都に直任、天長四年（八二七）に大僧都に昇任、天長五年（八二八）に綜芸種智院《しゅげいしゅちいん》を創立した。天長九年（八三二）からは「深く穀味を厭い、もっぱら坐禅を好む」として、高野山隠棲の日が続いた。承和二年（八三五）正月から空海の病は篤く、三月二十一日、高野山に示寂した。六十二歳。延喜二十一年（九二一）、弘法大師の諡号を与えられた（以上、『国史大辞典』による。川崎庸之氏執筆）。『続日本後紀』に引かれた弔書が、唐における空海の活動、帰国後の活躍よりも、得度以前の若き日の修行生活（「旧窟」）に多く筆を割いていることは、すぐに読み取れよう。特に説話的な奇蹟に関する記述は、この弔書の作者が、どうやってこのような話を採取したのであろうと、興味は尽きない。

空海の入定伝説

後世になると様々な空海説話が形成され、全国どこに行っても、空海が開いたと称する寺院や井戸・温泉は枚挙に暇がないが、死去の直後に、このようにすでに伝説的な人物として認識されていたのである。現在でも、空海入定《にゅうじょう》伝説（空海は死なず、衆生救済を目的として永遠の瞑想に入り、現在も高野山奥之院の弘法大師御廟で入定〈心を統一集中した禅定の境に入ること〉しているというもの）が金剛峯寺では信じられ、毎日二回、空海に衣服と食事を届けられている。その原型は、すでに死去の直後に王権によって語られていたのである。

空海の入定説話は有名であるが、実は最澄《さいちょう》も延暦寺西塔の浄土院にある御廟所で生きているとされ、毎日食事が献じられているのに、こちらはあまり有名ではない。ある意味では万能で世渡り上手な空海よりも、実直で不器用な最澄が好きな私としては、少し残念なことである。

なお、金剛峯寺は正暦《しょうりゃく》五年（九九四）に大火に見舞われ、ふたたび衰退するが、治安《じあん》三年（一〇二三）の藤原道長《みちなが》の参詣を契機として、寺は隆盛した。

高野山奥の院

道長が金剛峯寺で法華経と理趣経を供養した後、大師《たいし》廟堂《びょうどう》において、廟堂の扉が自然に開き、扉の鉾立《ほこだて》が倒れるという「瑞相《ずいそう》」が起こった。大僧正済信《さいしん》は、「進み寄って拝み奉られよ」と道長に進言し、道長が礼盤《らいばん》の上に登って廟堂の内部を見ると、白土を塗った高さ二尺余りの墳墓《ふんぼ》のような物があったという（『小右記《しょうゆうき》』『扶桑略記《ふそうりゃっき》』）。道長と空海の対面である。

これを契機に空海入定伝説が説かれ、金剛峯寺は霊場として確立した。道長自身にも、後世には聖徳太子《しょうとくたいし》や空海と結びつける伝説まで付加されていく。

天皇から民衆にまで愛された皇親氏族

甘南備高直

当時では長身の六尺二寸(約一八八cm)

甘南備高直《かんなびのたかなお》を取りあげよう。『続日本後紀《しょくにほんこうき》』巻五の承和《じょうわ》三年(八三六)四月丙戌条(十八日)には、次のような卒伝が載せられている。

散位《さんい》従四位下甘南備真人高直が卒去した。高直は天渟名倉太珠敷天皇《あまぬなくらのふとたましき》(敏達《びだつ》)の子孫で、六世王五位下清野《きよの》の第三子である。父清野は文章生から大内記に任じられ、大学大允に遷り、宝亀《ほうき》年間に遣唐判官兼播磨大掾となった。帰朝した日に正五位下に叙され、肥前守に任じられた。兵部少輔・武蔵介に遷り、延暦《えんりゃく》十三年に卒去した。高直は身長が六尺二寸あった。若くして文章生となり、文筆にすぐれ、琴書に巧みであった。延暦二十三年に少内記に任じられた。大同《だいどう》元年に大宰少監・西海道観察使判官を歴任し、弘仁《こうにん》の初年、続けて左右近衛将監に遷任された。六年に従五位下に叙され、陸奥・上野介に累任された。天長《てんちょう》三年に常陸守となったが、訪採使の監査に遭い、前司の罪に関わり、釐務を停止された。しかし、常陸国の下僚も民も、高直の徳化に感じ、競って高直の必要とする経費を提供し、嵯峨《さが》太上天皇もまた、憐れに思って都合を付け、莊園の収益を高直の必要分に充てた。天長六年に摂津守に任じられ、仁明《にんみょう》天皇が践祚すると、正五位上に叙され、次いで従四位下を授けられた。翌年、実母の喪に遭うと、悲しみで死んだも同然となり、幾くもなく卒去した。時に行年は六十二歳。

甘南備真人という氏族は、六世紀後半の大王敏達を祖とする皇親氏族である。『新撰姓氏録《しんせんしょうじろく》』には、「路《みち》真人と同じ祖。続日本紀に合っている」とある。その路真人は、「諡敏達の皇子難波《なにわ》王から出た。日本紀に合っている」とあり、敏達の王子である難波王子の子孫であることを示している。

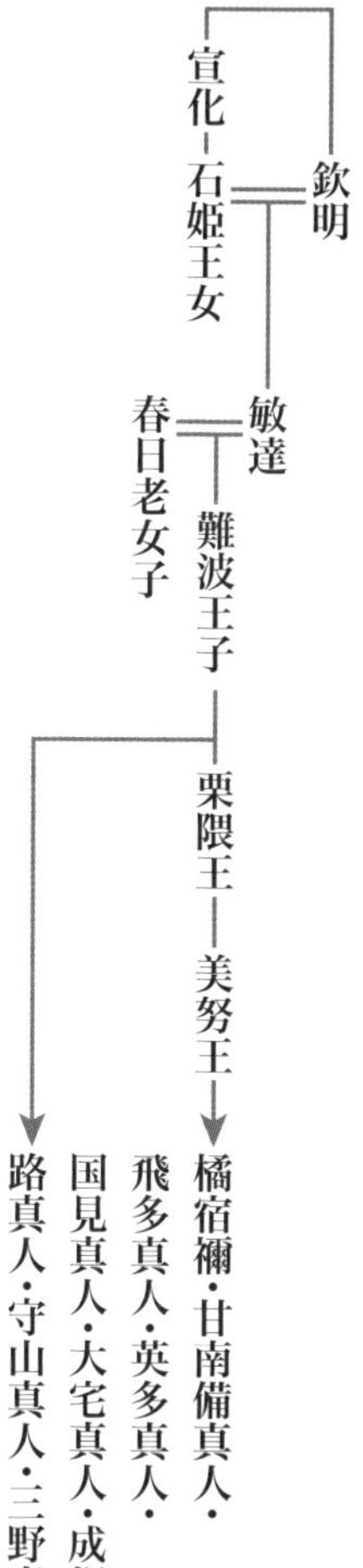

難波王子を祖とする皇親氏族というと、葛城《かつらぎ》王が母である県犬養橘《あがたのいぬかいのたちばなの》三千代《みちよ》の姓を賜わった橘宿禰が有名であるが、甘南備氏は天平《てんぴょう》十二年（七四〇）に神前《かみさき》王が甘南備真人に賜姓されたことに始まる。天平八年（七三六）に橘宿禰に賜姓された葛城王（橘諸兄《もろえ》）と同世代であると推定され、あるいは諸兄の異母弟か従兄弟かもしれない。

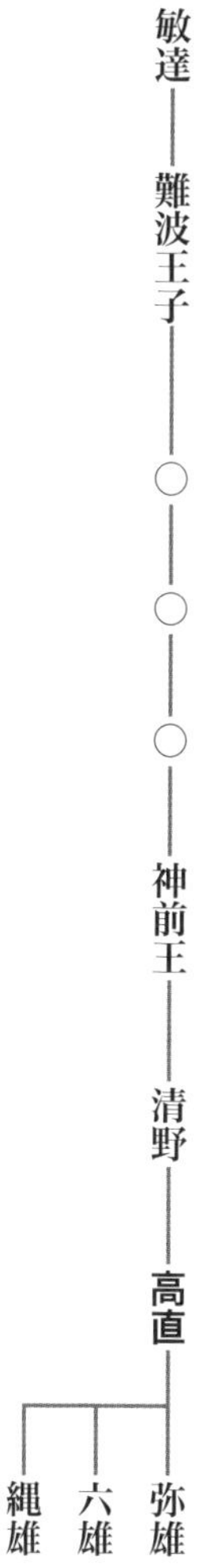

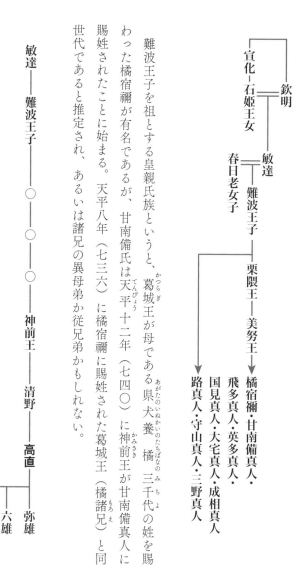

その神前の子が高直の父である清野である。清野は『新唐書《しんとうじょ》』東夷伝日本条に、建中元年（宝亀十一、七八〇）に遣唐判官として「書を善くした」と賞された「真人興能」のこととされている。なお、この遣唐使は唐使孫興進《そんこうしん》を送ったものである。『続日本後紀』の高直の卒伝は、清野の略歴についても詳しく記載している。清野の卒伝が（おそらくは）『日本後《にほんこう》紀《き》』に載せられなかったので、ここに合わせて載せたのであろう。

清野の第三子が高直である。宝亀六年（七七五）生まれであるから、父が唐に旅立った年には数えで六歳、高直はすでにその意味を理解していたことであろう。

高直は大学寮で紀伝道を専攻した。紀伝道とは中国の歴史・漢文学を教科内容とする。教科書は三史（『史記《しき》』『漢書《かんじょ》』『後漢書《ごかんじょ》』）と『文選《もんぜん》』であった。定員は二十人。紀伝道は令制には規定がなく、平安時代に入って成立したものであるから、高直は新しく設置されたこの学科に興味を覚えたのであろう。文章生となると、その先の文章得業生に進む者は少数で、大多数は文章生となってからの年数により、古い順で広く官途に就いたとされる（桃裕行『上代学制の研究』）。

高直も、「文筆にすぐれ、琴書に巧みであった」とあるから、文章と音楽に秀でていたのであろう。なお、身長が六尺二寸（約一八八センチメートル）というから、当時としてはとんでもない長身であった。

延暦二十三年（八〇四）に三十歳で少内記、大同元年（八〇六）に三十二歳で大宰少監兼西海道観察使判官、弘仁初年（八一〇〜）に左右近衛将監を歴任している。そして弘仁六年（八一五）に従六位上から三階も昇り、四十一歳で従五位下に叙され、陸奥介に任じられた。次いで従五位上に昇叙して上野介に遷っている。

しかし、天長三年（八二六）に五十二歳で常陸守に任じられた後、事件が起こった。訪採使（地方監察官）の監査に伴って、前任の国守であった佐伯清岑《さえきのきよみね》の罪に縁座して、国司の任務を停止されてしまったのである。ところが、常陸国の下僚も民も、高直の徳化に感じていたので、競って必要な経費を提供し、嵯峨太上天皇もまた憐れに思って都合を付け、荘園の収益を必要分に充てたという。それまでの清廉な勤務が功を奏したのであろう。

ちなみに、事件とは直接の関係はないが、これ以降、常陸国は親王任国となり、同年に賀陽《かや》親王が常陸太守に任じられた。したがって、高直が臣下で最後の常陸守ということになる。

この事件が高直の官歴に影響することもなかった。天長六年（八二九）には五十五歳で畿内の摂津守に任じられている。天長十年（八三三）に正五位下、そして従四位下と、位階は昇叙されているものの、官としては摂津守が最後のものとなった。以後は散位（位階だけあって官職のない者）として過ごしたようである。

そして承和三年四月、実母の喪に遭うと、悲しみで死んだも同然となり、間もなく十八日に卒去した。高直が六十二歳だったのであるから、当時としては随分と長寿を得た母であったが、その名は伝わっていない。いかにも高直に相応しい最期とも言えようか。

高直の子としては、弥雄《いやお》・六雄《むつお》・縄雄《なわお》の三名の名が伝わるが、いずれも正史には見えない。その次の世代となると、まったく不明である。

長寿の官人が一度だけ脚光を浴びた理由

池田春野

古代の大豪族・上野毛朝臣と同族

今回もあまり馴染みのない氏族の官人を取りあげよう。『続日本後紀《しょくにほんこうき》』巻七の承和《じょうわ》五年（八三八）三月乙丑条（八日）には、池田春野《いけだのはるの》という官人の卒伝が載せられている。

散位《さんい》従四位下池田朝臣春野が卒去した。春野は天応以後の人である。延暦《えんりゃく》十年に初めて官に就き、内舎人に補され、延暦十四年に左衛門少尉に任じられ、大尉に転じた。延暦十九年に従五位下に叙され、内蔵助に任じられ、丹波守を兼ねた。大同《だいどう》元年に従五位上となり、中務少輔・弾正少弼を歴任した。弘仁《こうにん》元年に大蔵大輔に任じられ、弘仁三年に正五位下に叙された。続けて遠江・越中守を兼ね、宮内大輔に遷った。天長《てんちょう》三年に図書頭に遷った。天長四年に正五位上に叙され、掃部頭に補された。天長六年正月に従四位下を授けられた。春野宿禰は能く故事について説き、或いは採用すべきものもあった。天長十年冬、大嘗会を行なうこととなり、仁明《にんみょう》天皇は禊祓《みそぎはらえ》を修するため、賀茂河に行幸した。春野は掃部頭として行幸の列に加わった。諸大夫が着用している当色の装束の裾が地面を曳きずっているのを見て、大いに笑って云ったことには、「地面を曳きずるのは尋常の装束で、神事の際の古体のありようではない」と。ついで自らの着していた装束を指して、古体の証とした。その裾は地面より少々高く離れていて、袴の裾が露見していた。諸大夫が皆、驚いて云ったことには、「古代の儀制は、まさに唐と同じであり、後代の者はこれに倣うべきである」と。春野の衣冠は古様で、身長は六尺余り。人が集まる中では、目立って立っていた。会集した衆人は、注目しない者はなかった。白髪を蓄え、国の元老とはこのような者のことであり、今は見られなくなってしまった。卒去した時、行年は八十二歳。

池田朝臣という氏族が史料に登場することは滅多にないが、『新撰姓氏録《しんせんしょうじろく》』では、

上毛野《かみつけの》朝臣と同じ祖。豊城入彦命《とよきいりひこのみこと》の十世の孫、佐太公《さたのきみ》の後裔である。日本紀に合っている。

と見える。天武《てんむ》十三年（六八四）の八色の姓で朝臣姓を賜わっている。「池田」の名は、上野国那波郡池田郷（現群馬県伊勢崎市の南西部）にちなむものである。

同族とされた上毛野朝臣は、上野国の古称である上毛野国の名を負った古代の大豪族である。『日本書紀《にほんしょき》』によれば、崇神《すじん》天皇の皇子で東国を治めることになった豊城命（豊城入彦命）を始祖とする。東国経営と蝦夷征討に従事していたという伝承が『日本書紀』に伝わる。神《じん》功《ぐう》皇后の「三韓征伐」伝説にも上毛野氏の祖の一連の新羅征討の伝承が見えることから、戦争を含む朝鮮外交にも関係していたのであろう。天智《てんじ》二年（六六三）にも、上毛野君稚子《わくご》が前将軍として百済救援軍に参加している。こちらも天武十三年に、地方豪族としては珍しく、朝臣姓を賜わっている。

上毛野氏と同祖と称する氏族は、大野・車持・佐味・池田・住吉・池原・田辺・桑原・止美・垂水などのほか、渡来系の氏族とも数多く結び付いている（『新撰姓氏録』）。奈良時代後半以降は、天平勝宝《てんぴょうしょうほう》二年（七五〇）に上毛野君に改姓し（『続日本紀《しょくにほんぎ》』）、弘仁元年（八一〇）に朝臣の賜姓を得た渡来系の田辺史系の上毛野氏（『新撰姓氏録』）が、中心的地位を占めるようになる。

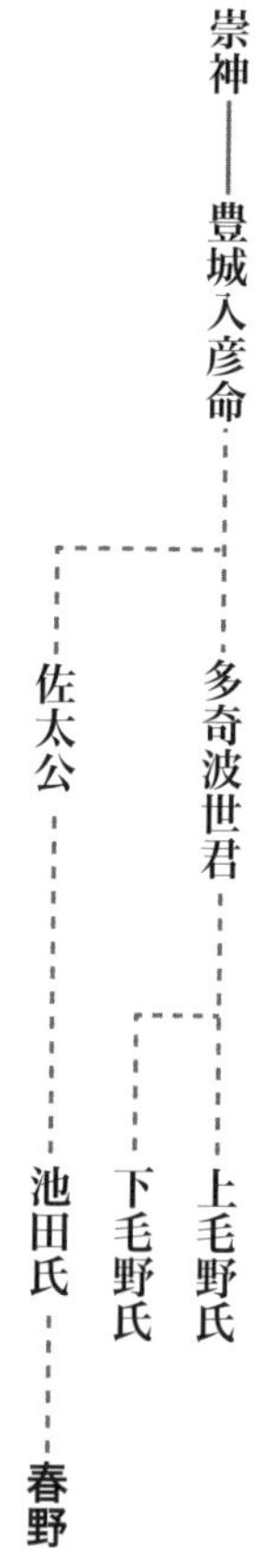

　春野は、父母をはじめとする父祖の名もわからず、子孫の名も伝わっていない。享年から計算すると、天平宝字《てんぴょうほうじ》元年（七五七）の生まれとなるが、この時期の池田氏の官人としては、天平宝字元年に従五位下に叙され、左衛士佐に任じられた足継《たりつぐ》（後に下総介・豊後守・左少弁）、天平宝字八年（七六四）に従五位下に叙された真枚《まひら》（後に軍監・上野介・少納言・長門守・鎮守副将軍）が『続日本紀』に見える。このあたりが春野の父にあたるのであろう。

　さて、春野はその出自から考えると、順調に昇進していったと言えるであろう。三十五歳でやっと天皇に近侍する内舎人に補されたというと、出世が遅いと感じる向きもあろうが、元々地方豪族であったのであるから、これでも大変な出世と考えるべきである。四十五歳で貴族としての位階である従五位下に叙されたのも、それほど遅いという感じはしない。

ただ、当時の平均寿命を考えると、これからあと何年、官人として出仕できるかは、本人次第であった。四十代で死亡する人も、それほど珍しいことではなかったのである。その点、春野は、内蔵助・丹波守・桓武《かんむ》天皇大葬の御装束司・中務少輔・弾正少弼・大蔵大輔・遠江守・越中守・宮内大輔と、数々の官を歴任し、桓武・平城《へいぜい》・嵯峨《さが》・淳和《じゅんな》・仁明と五代の天皇に仕えた。その間、位階も従四位下に至っていた。

この間、数々の政変や陰謀が繰り広げられたのであるが、微官の春野にとっては、ほとんど関係はなかったことであろう。歴史叙述というと、どうしても派手な政変劇に目が行きがちであるが、ほとんどの官人はそれらに関係することはなく、中間派としてそれらの動きを傍観し、与えられた職務を淡々とこなし続けていたのである。

最後に補された職が掃部寮の長官である掃部頭というのも、何とも言えずこの人らしい。掃部寮というのは、宮内省所属の令外官で、宮中の儀式・公会の座を鋪設し、それに必要な薦・席・牀・簀・苫・畳などを扱い、また洒掃にあたった。元々、大宝《たいほう》・養老《ようろう》令制では大蔵省掃部司と宮内省内掃部司があって、その所掌を互いに譲り合って支障が多かったため、弘仁十一年（八二〇）に併合して宮内省掃部寮となったものである。

このように、権力中枢とは遠い所で官人生活を続けた春野であったが、実はその長身と白髪以外にも、目立った能力があった。故事、特に古体の装束に詳しく、天長十年（八三三）の大嘗会では、袴の裾の長さについて蘊蓄《うんちく》を垂れ、皆を驚愕させたのである。彼の人生で、もっとも脚光を浴びた日だったことであろう。春野の目には、この日の鴨川は、どのように映っていたことであろうか。この年、春野は七十七歳であった。「国の元老」と讃えられた春野であったが、これがその後の人生に有利にはたらいたわけでもなかった。

その後も大して出世することもなく、当時としては驚くべき八十二歳の長寿を得て、最後は散位として死去した。子孫の名が伝わっていないのは、従五位下に上った者がいなかったせいであろう。

それにしても、政治史的にはまったく目立たず（見た目は目立っていたようだが）、大して重んじられたわけでもない春野が、その知識のお陰で一度だけ脚光を浴び、皆に誉め称えられるとは、何とも痛快な人生ではなかろうか。何ともあやかりたい話だが、当方は残念ながらこれといった能もなく、ただ老い果てていくだけである。

観音山古墳

最後の遣唐使の大使を務めた官人の隠れた功績

藤原常嗣

藤原北家の官人として順調に昇進

どうもマイナーな人物に進んで行き過ぎたので、今回は藤原北家の常嗣《つねつぐ》について述べることとしよう。『続日本後紀《しょくにほんこうき》』巻九の承和《じょうわ》七年（八四〇）四月戊辰条（二十三日）は、次のような薨伝を載せている。

参議左大弁従三位藤原朝臣常嗣が薨去した。常嗣は、去る延暦《えんりゃく》二十年の遣唐持節大使中納言正三位葛野麻呂《かどのまろ》の第七子である。若くして大学に学び、『史記《しき》』と『漢書《かんじょ》』を読み、『文選《もんぜん》』を暗誦した。また文章を作るのを好み、隷書に優れていた。生まれつき才器があり、礼儀に適った所作は称讃に値した。弘仁《こうにん》十一年に初めて右京少進に任じられ、次いで式部大丞に遷った。弘仁十四年に従五位下に叙され、下野守に任じられたものの赴任せず、京に留まって春宮亮に任じられ、俄かに右少弁に遷った。天長《てんちょう》元年に式部少輔に遷った。次いで勘解由次官を兼ねた。天長三年に従五位上に叙され、天長五年に正五位下に叙された。天長七年に公務のことで処罰され、刑部少輔に左遷された。天長八年に従四位下に叙され、勘解由長官に遷った。天長九年に下野守を兼ね、続いて右大弁を兼ね、従四位上に昇叙した。承和元年に改めて近江権守を兼ね、次いで左大弁に遷り、正四位下を授けられた。承和四年に大宰権帥を兼ね、承和五年夏六月に修聘持節使として大唐国に渡り、承和六年八月に大唐国から帰国した。近代の間に父子が相次いで権限を託された大使の選に与ったのは、ただこの一門のみである。九月に従三位を授けられた。薨去した時、行年は四十五歳。

常嗣の曾祖父にあたる鳥養《とりかい》は、北家の祖である房前《ふささき》の長子であったが、天平《てんぴょう》元年（七二九）の天平改元の日に従五位下に叙爵されたものの、早い時期に死去したものと思われる。その子の小黒麻呂《おぐろまろ》は大納言に上り、その子の葛野麻呂は中納言に上っている。

ただし、この頃には、藤原北家の嫡流は、真楯《またて》・内麻呂《うちまろ》・冬嗣《ふゆつぐ》と続く系統に、ほぼ固まってしまっていた。鳥養が早世したことと、小黒麻呂・葛野麻呂が大臣に上ることがなかった

（□は議政官、■は大臣に上った者、数字は氏上[氏長者]継承順）

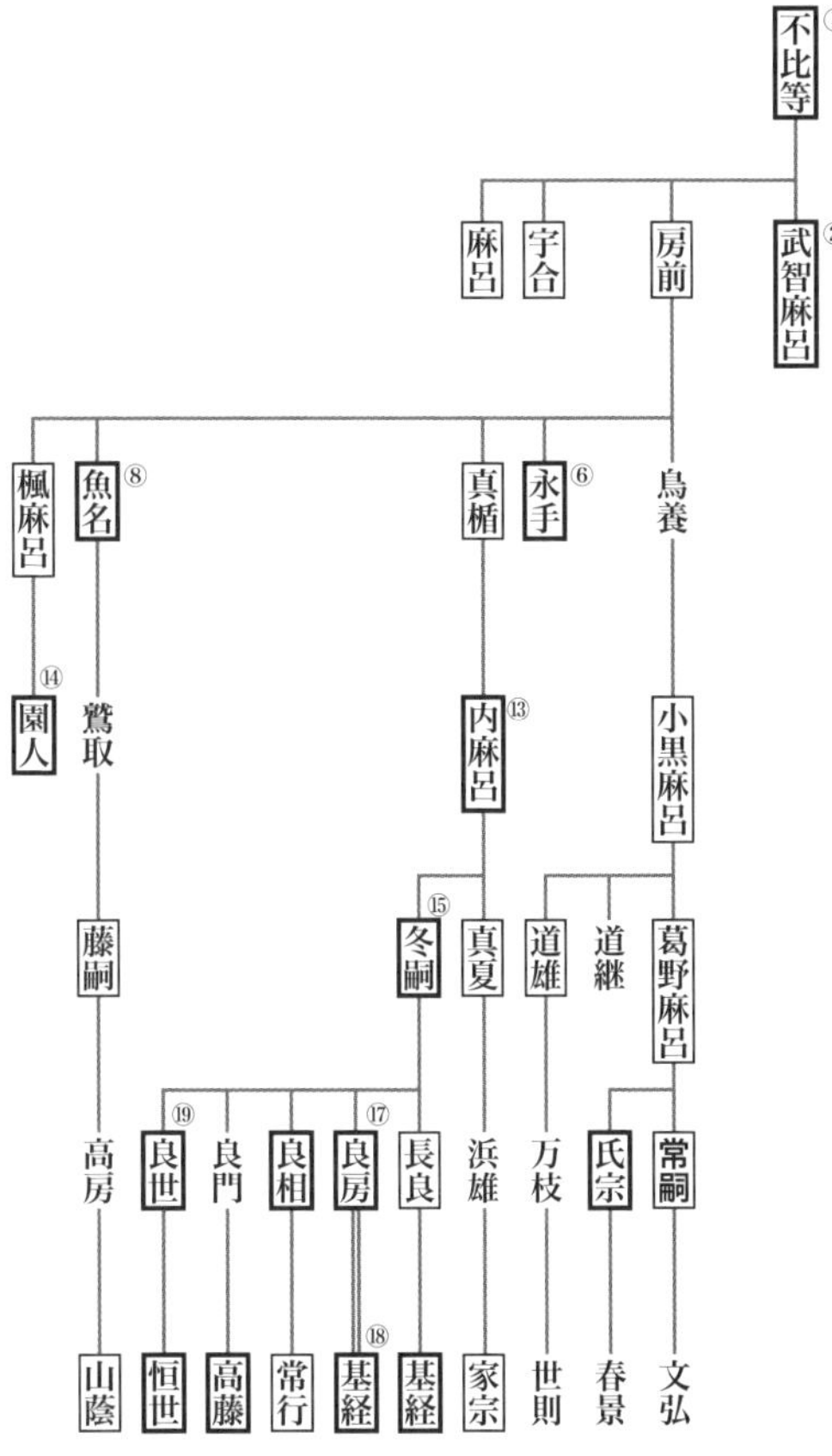

ことが影響したのであろう。永手《ながて》・魚名《うおな》・内麻呂と続いた権臣に打ち勝つには、小黒麻呂や葛野麻呂は、いかにも凡庸だったのである。

葛野麻呂が平城《へいぜい》天皇に接近しすぎたことも原因であった。その点では、長男の真夏《まなつ》を平城上皇、次男の冬嗣を嵯峨《さが》天皇に配置して家の存続をはかった内麻呂などには、及ぶべくもなかったのである。

とはいえ常嗣も、藤原北家の官人として、順調に昇進していった。名家の子としては珍しく大学に学び（平城天皇の影響か）、学問に励んで才能を発揮した後『経国集《けいこくしゅう》』に漢詩が採られている）、嵯峨天皇の弘仁十一年（八二〇）に二十五歳で右京少進、次いで式部大丞に任じられた。弘仁十四年（八二三）に二十八歳で従五位下に叙された。この時期としては早い方である。ただ、下野守に任じられたものの赴任せず、京に留まったというのは、いかなる思いによるものであろうか。それでも咎められることはなく、春宮亮、また右少弁に任じられている。

淳和《じゅんな》天皇の天長元年（八二四）に二十九歳で式部少輔に遷り、次いで勘解由次官を兼ねた。天長三年（八二六）に三十一歳で従五位上、天長五年（八二八）に三十三歳で正五位下に叙されたというのも、順調な昇進である。

ところが、天長七年（八三〇）、三十五歳の時に公務のことで処罰され、刑部少輔に左遷された。処罰されてもこの程度で済んでいるというのも、いかにも北家の御曹司という感がある。すぐに赦されたらしく、薨伝には記載がないが、蔵人頭に補された（『公卿補任《くぎょうぶにん》』）。翌天長八年（八三一）に三十六歳で従四位下に叙され、勘解由長官に遷るとともに、参議に任じられ、公卿の地位に上った（『公卿補任』）。天長九年（八三二）に三十七歳で下野守、続いて右大弁を兼ね、従四位上に昇叙した。参議は兼帯したままである。この間、『令義解《りょうのぎげ》』の編纂にも携っている。なお、『令義解』は仁明《にんみょう》天皇の代となった天長十年（八三三）に撰集された。

承和元年（八三四）に三十九歳で左大弁に遷り、正四位下を授けられたが、この年、大きな転機が訪れた。結果的には「最後の遣唐使」となった承和の遣唐使の大使に拝されたのである。薨伝にもあるように、父子二代続けて大使に拝されたのは、これが最初（で当然、最後）のことであった。承和四年（八三七）には四十二歳で大宰権帥も兼ねている。

二度の渡航失敗と小野篁との対立

この遣唐使は、承和三年(八三六)・承和四年と、二度にわたって渡航に失敗し、承和五年(八三八)の三度目の渡航の際には、それまでの渡航失敗で第一船が破損して損傷して漏水したため、副使の小野篁《おののたかむら》が乗船する予定であった第二船に乗り換えようとしたことによって篁と対立し、篁は「己の利得のために他人に損害を押し付けるような道理に逆らった方法が罷り通るなら、面目なくて部下を率いることなど到底できない」と抗議し、渡航を拒否してしまうという事件が起こった。

なお、篁が官位剥奪の上で隠岐国に流罪という処分を受けた際に詠んだ和歌が、『百人一首《ひゃくにんいっしゅ》』に採られた「わたの原八十島かけて漕ぎ出でぬと人には告げよ海人の釣舟」と伝わる。ちなみに、知乗船事(船長)の伴有仁《とものありひと》ら四名も、乗船を拒否して処罰を受けている。

結局、常嗣は篁を残して六月に三度目の渡航に出航したが、この渡航は艱難を極めた。その有様は、同行した円仁《えんにん》の『入唐求法巡礼行記《にっとうぐほうじゅんれいこうき》』に詳細に記録されている。翌承和六年(八三九)、常嗣は長安で文宗《ぶんそう》に拝謁して無事に任務を果たした。若年時より称賛に値したという挙措動作が、大いに役立ったことであろう。

そして新たに新羅船九隻を雇い、八月に肥前国に帰国することができた。この際にも、帰国時の渡航ルートをめぐって、常嗣と判官の長岑高名《ながみねのたかな》が対立したが、常嗣は高名の主張に従った。なお、円仁は唐に不法残留を続け、さらなる艱難を味わうこととなった。

常嗣はこの功績により、九月に従三位を授けられたものの、翌年四月、薨去してしまった。四十五歳。遣唐大使としての心身の疲労が死期を早めたことは、間違いなかろう。常嗣の判断能力や統率力の欠如を指摘するのは簡単であるが、唐の衰亡が明らかとなっていたこの時期、藤原北家の議政官として、苦難をおして唐に渡らなければならなかった常嗣の辛苦もまた、想像に余りあるところである。

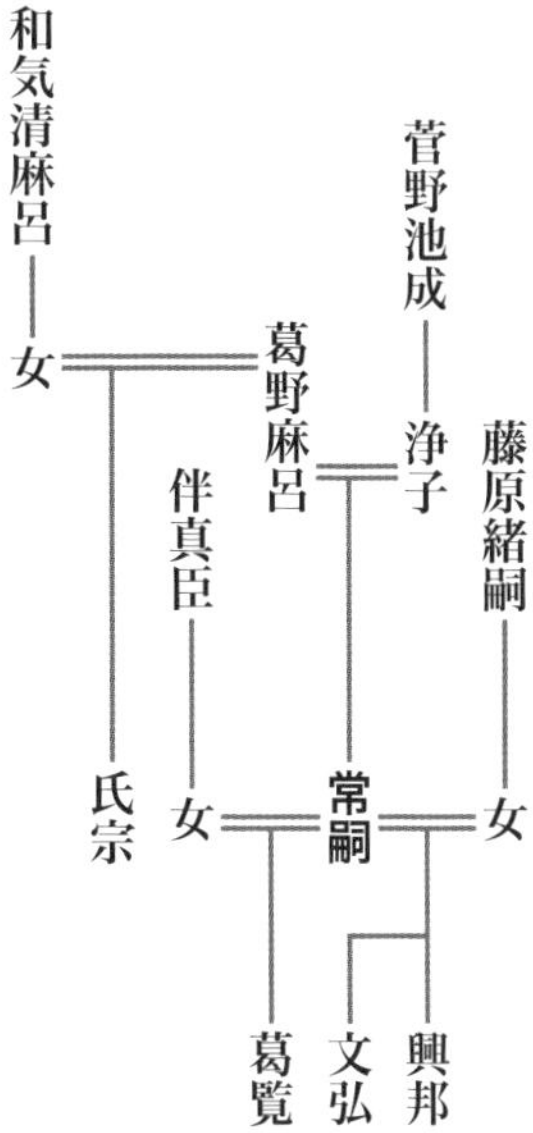

なお、常嗣は藤原緒嗣女《おつぐのむすめ》との間に興邦《おきくに》と文弘《ふみひろ》、伴真臣《まおみ》女との間に葛覧《かどみ》を儲けているが、興邦が従四位下内蔵権頭に任じられた以外は、文弘と葛覧は官位も伝わっていない。常嗣が四十五歳で死去してしまったことによるものであろうか。

それは常嗣の弟で十四歳年少の氏宗《うじむね》が、『貞観格《じょうがんきゃく》』や『貞観式《じょうがんしき》』の撰上、貞観永宝の鋳造など、その能力を遺憾なく発揮し、右大臣にまで上ったこととは、対照的である。

ただ、常嗣が円仁の天台山留学のために奔走したことは『入唐求法巡礼行記』に見えており、円仁には随分と親切にしていたことが窺える。やがて九年半に及ぶ唐滞在を終えて、承和十四年（八四七）に帰国した円仁が天台宗を復興し、その後の日本仏教に大きな礎を築いたことを思うとき、常嗣にももう少し、評価を与えてあげてもよろしかろうと思うのである。

ひとりの天皇に尽くした南家最後の大臣

藤原三守

自らの力で運命を切り拓く

たまには大臣に上った人物を取りあげようか。『続日本後紀《しょくにほんこうき》』巻九の承和《じょうわ》七年（八四〇）七月庚辰条（七日）は、次のような薨伝を載せる。

右大臣従二位皇太子傅藤原朝臣三守《みもり》が薨去した。参議従四位下左大弁安倍朝臣安仁《やすひと》・式部大輔従四位下藤原朝臣衛《まもる》・散位従五位上藤原朝臣宗成《むねなり》・中務少輔従五位下笠朝臣数道《かずみち》らを遣わして、喪事を監督し護らせた。大臣は、参議従三位巨勢麻呂《こせまろ》朝臣の孫で、阿波守従五位上真作《まつくり》の第五子である。大同《だいどう》元年に主蔵正から次々に美作権掾・権介・内蔵助に遷任し、大同四年に従五位下に叙され、右近衛少将に拝された。弘仁《こうにん》元年に従五位上となり、次いで内蔵頭・

春宮亮に任じられた。弘仁五年に重ねて従四位下を授けられ、式部大輔に拝された。次いで左兵衛督に遷任し、弘仁七年に但馬守を兼任し、俄かに参議に拝された。弘仁九年に春宮大夫を兼任し、弘仁十一年に従四位上を授けられた。この歳に正四位下となり、弘仁十二年に従三位を授けられ、権中納言に拝された。弘仁十三年に皇后宮大夫を兼任し、弘仁十四年に中納言に転任し、正三位に叙された。嵯峨《さが》天皇が譲位した後、宮中を辞退して嵯峨院に侍候した。天長《てんちょう》三年に刑部卿となり、天長五年に大納言に拝され、兵部卿を兼任した。天長七年に弾正尹を兼任し、天長十年に従二位に叙され、皇太子傅を兼任した。承和五年に右大臣に拝された。年五十六歳で、官にあったまま薨去した。参議従四位上春宮大夫右衛門督文屋朝臣秋津《あきつ》・民部大輔従四位下百済王慶仲《けいちゅう》を邸第に遣わし、詔を宣して、従一位を贈った。三守は早く大学に入り、五経を学び、嵯峨太上天皇が践祚した日、皇太子時代の旧臣として、格別の栄寵を賜わった。性格は穏やかで、合わせて決断力があった。詩人を招き、酒杯を交して親しく付き合い、朝廷に出仕する途中で学者に会うと、必ず下馬して通り過ぎるのを待った。このことで、当時の人々は称讃した。三守の諸々の品行については、『公卿伝《くぎょうでん》』に見えている。

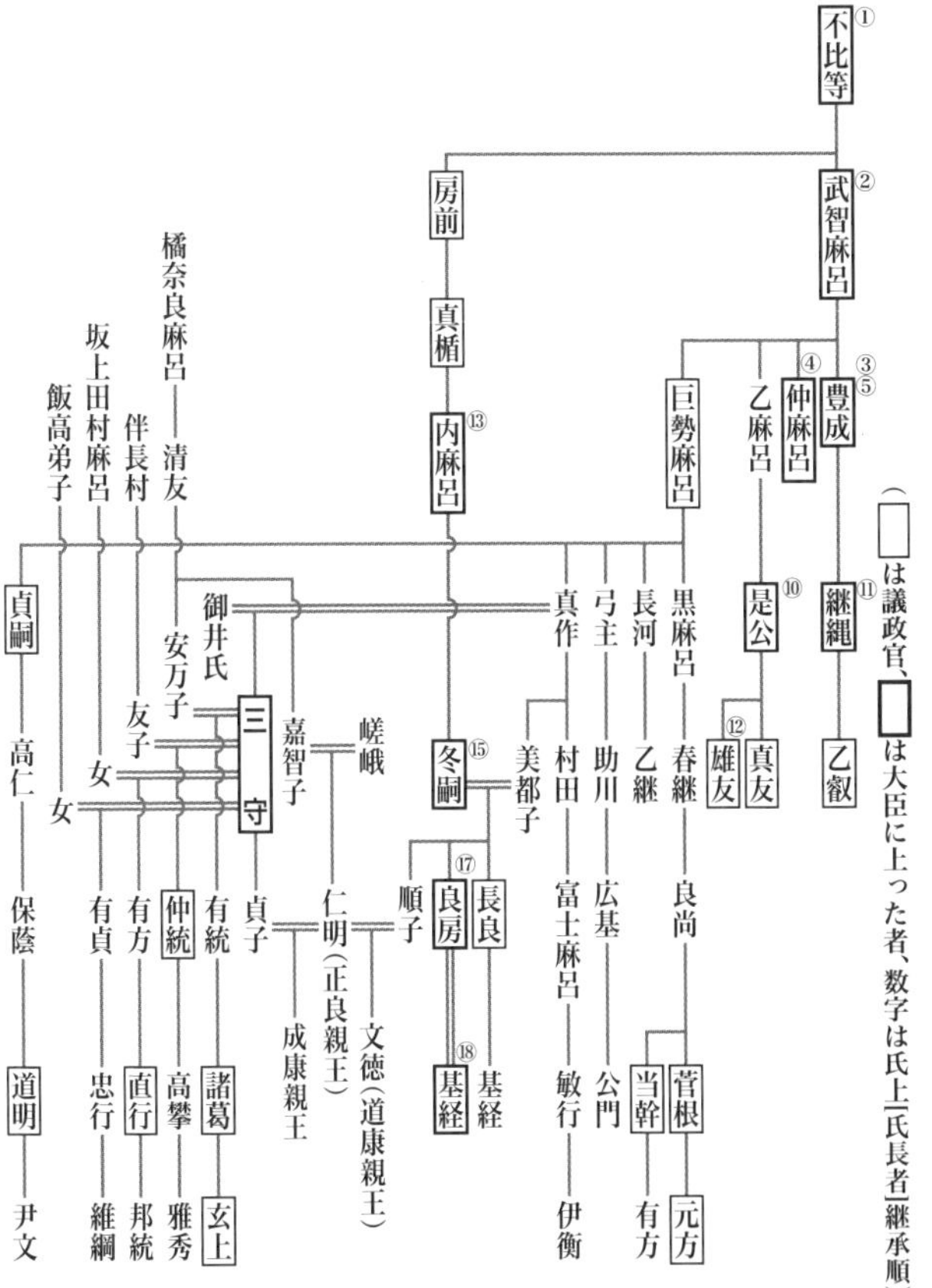
（□は議政官、■は大臣に上った者、数字は氏上［氏長者］継承順）
①不比等
②武智麻呂
③⑤豊成
④仲麻呂
乙麻呂
巨勢麻呂
⑪継縄
乙叡
⑩是公
真友
⑫雄友
黒麻呂
春継
良尚
菅根
元方
当幹
有方
長河
乙継
弓主
助川
広基
公門
真作
村田
富士麻呂
敏行
伊衡
美都子
房前
真楯
⑬内麻呂
⑮冬嗣
長良
基経
⑰良房
⑱基経
順子
嵯峨
嘉智子
仁明（正良親王）
文徳（道康親王）
成康親王
橘奈良麻呂
清友
御井氏
三守
貞子
安万子
有統
諸葛
玄上
伴長村
友子
仲統
高攀
雅秀
坂上田村麻呂
女
有方
直行
邦統
飯高弟子
女
有貞
忠行
維綱
貞嗣
高仁
保蔭
道明
尹文

三守は、左大臣藤原武智麻呂《むちまろ》の曾孫、参議巨勢麻呂の孫、阿波守真作の第五子として、延暦《えんりゃく》四年（七八五）に生まれた。藤原氏嫡流の南家とはいえ、巨勢麻呂が仲麻呂《なかまろ》と行動をともにして、藤原姓を除かれ、勝野鬼江で斬首されたこともあって、この巨勢麻呂流は没落していた。

しかも、大同二年（八〇七）に起こった伊予親王《いよ》の変で、大納言雄友《おとも》が連坐して伊予に流罪となり、中納言乙叡《たかとし》も解官《げかん》されるなど、南家自体の権力も決定的な打撃を蒙った。従五位上阿波守に過ぎない真作の五男として生まれた三守の行く末も、本来ならば暗澹たるものであったに違いない。

しかし三守は、自らの力で運命を切り拓いていった。若くして大学に学んで五経に習熟し、東宮主蔵正として東宮時代の神野《かみの》親王に仕え、その寵遇を得たのである。神野親王が大同四年（八〇九）に即位して嵯峨天皇となると、蕃邸の旧臣として殊に優遇された。従五位下に叙爵され、時期は不明だが、嵯峨皇后の橘嘉智子《かちこ》の姉である安万子《あまこ》と結婚した。後宮で典侍を務めた安万子との結婚が三守の運命を決定したことは、言うまでもない。右近衛少将・内蔵頭・大伴《おおとも》親王（後の淳和《じゅんな》天皇）の春宮亮などの要職を歴任している。

弘仁二年（八一一）に二十七歳の若さで蔵人頭に補され、弘仁七年（八一六）に式部大輔から参議に上った。三十二歳の年であった。弘仁十二年（八二一）に三十七歳で権中納言に昇進するなど、その門流からは考えられないほどの出世を遂げた。

嵯峨天皇の退位と共に辞官

弘仁十四年（八二三）に嵯峨天皇が退位し、大伴親王が即位すると（淳和）、三守は一院に閑居して、辞官を上表した。これを見た者は落涙し、識者は三守の態度に恥じ入ったという。淳和は三守の決意を覆すことが難しいことを悟り、権中納言の官職を帯びたまま嵯峨院に出仕し、引き続き嵯峨太上天皇に近侍することを命じた。この状況の中でも、三守は辞官を上表したが、許されずに逆に三十九歳で中納言に昇進させられた。

「忠臣は二君に仕えず」とは、中国の倫理上の理想ではあるが、さて実際にこれを実践するとなると、なかなかできることではない。まさに「君臣水魚の交わり」を具現したものであろう。なお、嵯峨院は現在の大覚寺《だいかくじ》の地で、寺の東には嵯峨が中国の洞庭湖を模して築造した大沢池がある。

しかし、朝廷は有能で実直な三守を放っておくはずはなかった。七年後の天長三年（八二六）に再び召されて刑部卿に任じられ、天長五年（八二八）には大納言に上った。この間、天長七年（八三〇）には、嵯峨朝から引き続き修訂が進められていた『弘仁格式《こうにんきゃくしき》』を撰上した。

そして承和五年（八三八）にはついに右大臣に上った。五十四歳の年のことであった。山科大臣（または始祖の鎌足《かまたり》と区別して後山科大臣）と呼ばれた。なお、南家から大臣が出たのは、延暦十五年（七九六）に右大臣藤原継縄《つぐただ》が死去して以来、実に四十二年ぶりのことであった。そして三守が最後の南家出身の大臣ということになる。

ところが、二年後の承和七年、三守は五十六歳で死去してしまった。当時としては、短命というわけではない。嵯峨院で過ごしたブランクが惜しまれるが、三守としては、かえって朝廷に再出仕したことの方が惜しまれたのかもしれない。

私が三守についてすごいと思うのは、穏やかな性格でありながら、合わせて決断力があったという、公卿として理想的な人となりであるが、それに加えて、詩人を招き、酒杯を交して親しく付き合い、学者に会うと、必ず下馬して通り過ぎるのを待ったという、腰の低さである。偉くなるとやたらと威張りくさる連中の多い世の中で、これはまことに天晴れな態度である。特に学者を尊重するという、世にも稀なる行動は、さすがに自身も大学出身という経歴によるのであろう（学者の中にも、ちょっと偉くなると、かつては学者であったことも忘れて、威張り散らす御仁もいると聞くが）。

さて、三守自身も、『経国集《けいこくしゅう》』の中に滋野貞主《しげののさだぬし》が三守に贈った詩に唱和した嵯峨太上天皇の漢詩が採録されていることから、嵯峨のサロンに出入りする唐風文化の担い手の一人であったと想定されている。

最澄、空海とも交流

また、天台・真言両宗の熱心な後援者であったそうで、南都仏教を中心とする僧綱の強硬な反対に遭って難航していた最澄《さいちょう》の大乗戒壇《だいじょうかいだん》設立構想が、弘仁十三年（八二二）に勅許を得たことは、三守たちの尽力によるとされ、弘仁十四年には初代延暦寺俗別当に補されている。さらには、空海《くうかい》との親交も深めるうちに、左京九条の邸第を空海に提供しているが、天長五年（八二八）に空海はその場所に綜芸種智院《しゅげいしゅちいん》を設置している。

三守の女の貞子《ていし》は仁明《にんみょう》天皇の女御となり、承和四年（八三七）に第八皇子成康《なりやす》親王を産んだ。貞子の生母は不明だが、安万子である可能性は十分に考えられるところである。成康親王は幼い頃より背が高く、堂々としている様子で、成人のような志を持っていた。仁明からこれを奇とされて寵愛されたというが、疱瘡を患って仁寿《にんじゅ》三年（八五三）に十八歳で病没してしまった。仁明の皇統を継いだのは、北家の冬嗣《ふゆつぐ》の女順子《じゅんし》が産んだ第一皇子道康《みちやす》親王（後の文徳《もんとく》天皇）であった。やがて冬嗣の子である良房《よしふさ》や、その養子である基経《もとつね》によって、前期摂関政治への道が拓かれていくことになる（倉本一宏『藤原氏』）。

三守は安万子の他にも、坂上田村麻呂《さかのうえのたむらまろ》の女など、何人かの女性と接し、合わせて七男二女を儲けた。子の仲統《なかむね》は参議、孫の諸葛《もろくず》は中納言に上った。光孝《こうこう》天皇の擁立を定めた仗議の場で、諸葛は異議を唱える者（源融《とおる》か）を剣に手をかけて抑えたと伝えられる。その子の玄上《はるうら》も参議に上っている。「琵琶の上手」でもあり、名器玄上《げんじょう》は玄上の持ち物であったとも伝えられる。なお、諸葛の孫に、藤原純友《すみとも》に虜掠された備前介子高《さねたか》がいる。

また、三守の曾孫藤原元真《もとざね》は三十六歌仙の一人に挙げられる歌人である。また、玄孫の藤原棟世《むねよ》と清少納言《せいしょうなごん》との間の娘である小馬命婦《こまのみょうぶ》も、一条《いちじょう》天皇中宮の藤原彰子《しょうし》に仕え、勅撰歌人となっている。

大学で学び、地方官を立派に務めた官人

紀深江

地方政治の立て直しを任された「良吏」

この時期に特有の、いわゆる「良吏《りょうり》」として、紀深江《ふかえ》を取りあげよう。『続日本後紀《しょくにほんこうき》』巻九の承和《じょうわ》七年（八四〇）十月丁未条（五日）は、次のような卒伝を載せている。

伊予国守従四位上紀朝臣深江が卒去した。深江は右京の人である。贈右大臣従二位船守《ふなもり》朝臣の孫、従四位下田上《たがみ》の子である。若くして大学に入り、ほぼ歴史書を修学し、文章生から大学少允に任じられ、主税助・式部少丞を経て、弘仁《こうにん》の末に従五位下に叙された。天長《てんちょう》年中に左兵衛権佐に拝任され、次いで左兵衛佐に転任された。その後、左近衛少将に至り、備中守を兼ねた。次いで正五位上を授けられ、承和の初めに従四位下に叙され、兵部大輔に遷任

された。後に地方官として伊予守となった。任を終えて入京し、事績を挙げたことにより、擢ばれて従四位上を授けられた。心が広く穏やかな人柄で、事に動ずることはなく、行なうところは、百姓を安楽にすることで、遠くも近くも循吏《じゅんり》と称した。交替手続きが終わらないうちに卒去した。時に行年は五十一歳。

良吏というのは、奈良時代末期以来、調庸の未進や品質の麁悪《そあく》化などが問題視され、律令制の支配を維持するため、儒教的な合理主義精神や徳治主義を持った官僚が国司として派遣され、地方政治の立て直しに努めたが、これが良吏と称された。

良吏とされた官人は優れた治績を示したものの、一方では、強引な政策が国衙《こくが》の職員や郡司など現地の有力者などと対立したり、逆に現実の事態に対処するために律令の規定を無視したり、反対者からの襲撃を避けるために私的武力として自己の従者を現地に連れ込んだりする事例もあった（森公章『在庁官人と武士の形成』）。

さて、この深江であるが、以前にも触れた名族紀氏の出身とはいえ、その主流とははるかに離れた門流の官人である（紀氏自体が藤原氏に圧されて没落していたことは、先に述べたとおり）。

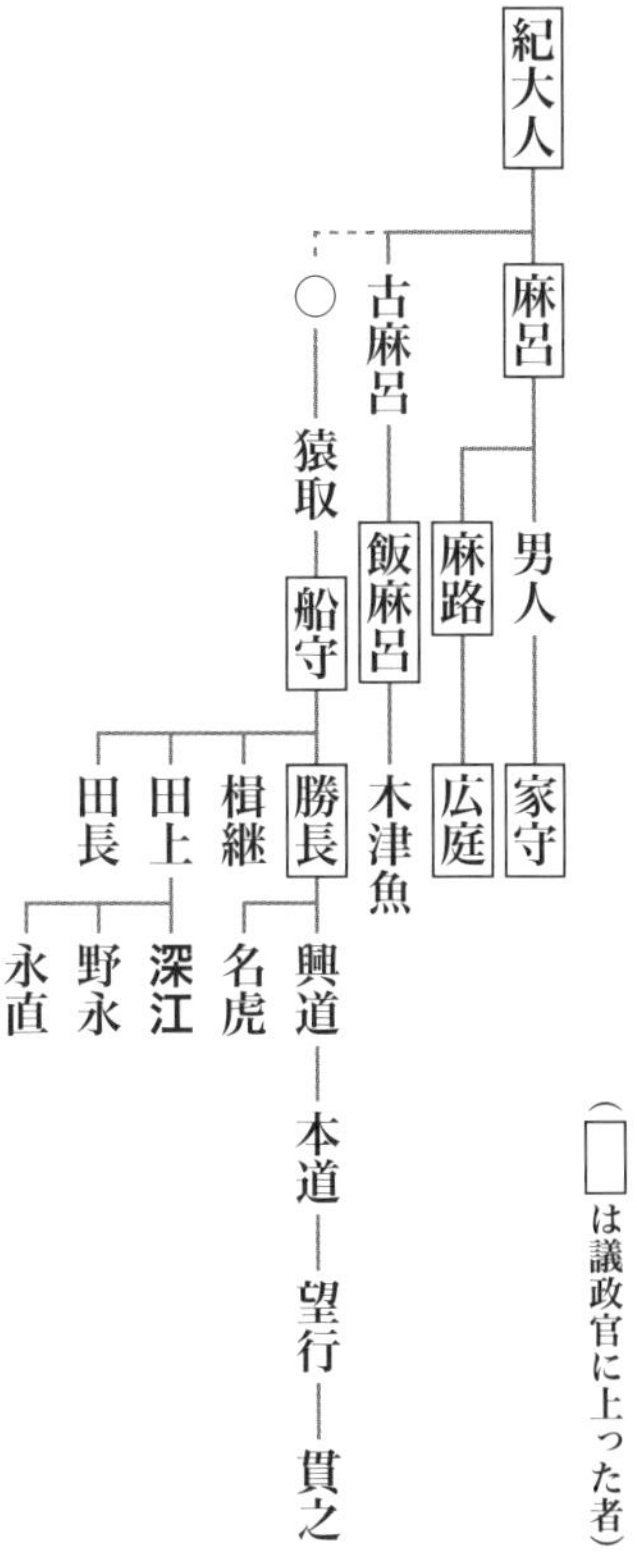

麻路《まろ》や広庭《ひろにわ》など議政官を出した嫡流はもちろん、天皇に后を入れて親王を儲けたり、平安仮名文学を創出したりした門流からも、微妙に離れていた。祖父の船守こそ桓武《かんむ》天皇の信任を受けて大納言（死後に贈右大臣）に上ったものの、父田上の極位・極官は従四位下尾張守

に過ぎず、深江はその子として生を受けたのである。右京で生まれたというのも、平安京造営当初から右京は人家、特に貴族の邸第が少なかったことを考えると、あまりぱっとしない家で生まれたことを物語っている。

そのような深江ではあるが、大学で歴史書（もちろん、中国の歴史書である）を修めた結果、数々の官職を歴任し、貴族の一員となった。まだまだ学問が官人の素養として重視されていた時代だったのである。昨今の人文科学、特に歴史学の状況を鑑みるにつけ、隔世の感がある。

深江は、大学で学んだ者として、文章生から身を起こし、大学少允・主税助・式部少丞を歴任した。そして弘仁十三年（八二二）に従五位下に叙されて貴族の仲間入りをし、左兵衛権佐・左兵衛佐・左近衛少将と、続けて顕官に任じられた。備中守を兼ねたというのは、地方政治にも関わらせようという淳和《じゅんな》天皇の意向だったのであろうが、後の深江の運命を考え併せると、何やら示唆的である。

承和元年（八三四）に従四位下に叙されて父の位階と並び、兵部大輔に任じられた。このまま中央官として昇進するかとも思われたが、しばらくすると、伊予守に任じられ、任地に赴くこととなった。

普通、中央官から地方官に遷任されると、「飛ばされた」という感覚で、やる気をなくす官人も多いのであろうが、深江は違っていた。やはり大学で中国古典を学び、儒教に基づく仁政を身に染みこませたためであろう。

卒伝によると、心が広く穏やかな人柄で、事に動ずることはなく、行なうところは百姓を安楽にすることで、遠くの者も近くの者も「循吏（法に従い民を治める善良な役人）」と称したという。まさに「良吏」と称するに相応しい人物であったことになる。

そして無事に任期を終えて入京し、その事績によって、特に従四位上を授けられた。位階は父を越えたことによる。しかしながら、深江の寿命は、そこまでであった。国司としての交替手続きも終わらないうちに、卒去してしまったのである。五十一歳というと、当時としては短命というわけではないが、まだまだ都でやりたい仕事はあったであろう。慣れない地方の生活が、その寿命を縮めたのかは、定かではない。

歴史の表舞台の裏側には、このように名も残さず、出世もしなかったものの、立派に生きた官人が無数に存在したことを、我々は忘れてはならない。

なお、深江の子孫の名が一人も伝わらないのは、五位以上に至ることがなかったためと思われる。

高階石河

『唯一の特技？美声を誇った長屋王の子孫』

臣籍に降下した氏族・高階氏の石河

今回は皇親氏族の官人を取り上げよう。『続日本後紀《しょくにほんこうき》』巻十一の承和《じょうわ》九年（八四二）五月壬戌条（二十九日）には、高階石河《たかしなのいしかわ》の卒伝が載せられている。

中務大輔従四位下高階真人石河が卒去した。石河は従四位下浄階《きよしな》真人の子である。弘仁《こうにん》十三年に宮内少丞に任じられ、大丞に転任された。明年正月に従五位下に叙されて、兵部少輔に任じられ、急に少納言に遷任された。父子で相継いで少納言の職にあったが、声のよさを買われてのことであった。当時の評判によれば、称唯の声音は、細やかで且つ高く、父より勝っていたという。天長《てんちょう》の末の頃、続けて常陸介・出雲守を兼任し、承和二年以降、昇進を重

ねて従四位下に至り、在職のまま卒去した。時に行年は五十九歳。

高階真人というのは、長屋王《ながや》を祖とする、奈良時代に臣籍に降下した氏族である。長屋王の配偶者としては、まずは草壁皇子《くさかべ》の女、ということは文武天皇《もんむ》や氷上皇女《ひかみ》（元正天皇《げんしょう》）の妹である吉備内親王《きび》、次いで藤原不比等《ふひと》の女である長娥子《ながこ》、そして石川虫麻呂《むしまろ》の女（名は不明）の三人が挙げられる。吉備内親王は膳夫王《かしわで》・葛木王《かつらぎ》・鉤取王《かぎとり》という三人の王、長娥子は安宿王《やすかべ》・黄文王《きふみ》・山背王《やましろ》と教勝《きょうしょう》の三男一女、虫麻呂女は桑田王《くわた》を儲けた。

これらのうち、天平《てんぴょう》元年（七二九）に起こった長屋王の変で、長娥子が産んだ四人を除く七人が葬られた。長娥子とその所生の王子女は、不比等の血を引く者として、特に赦されたのである（もともと長屋王とは同居していなかったであろうし）。

ところが、長娥子が産んだ三人の王には、苛烈な運命が待ち受けていた。文武や聖武《しょうむ》といった奈良時代前半の男子天皇は、ほとんど皇子を残さなかった。その結果、残された長屋王の遺児たちは、藤原氏の専権に反発する諸氏族によって、皇位継承候補として擁立されることとなったのである。そしてそれらの政変は、ことごとく事前に察知されるか密告され、失敗に終わった（倉本一宏『奈良朝の政変劇』）。

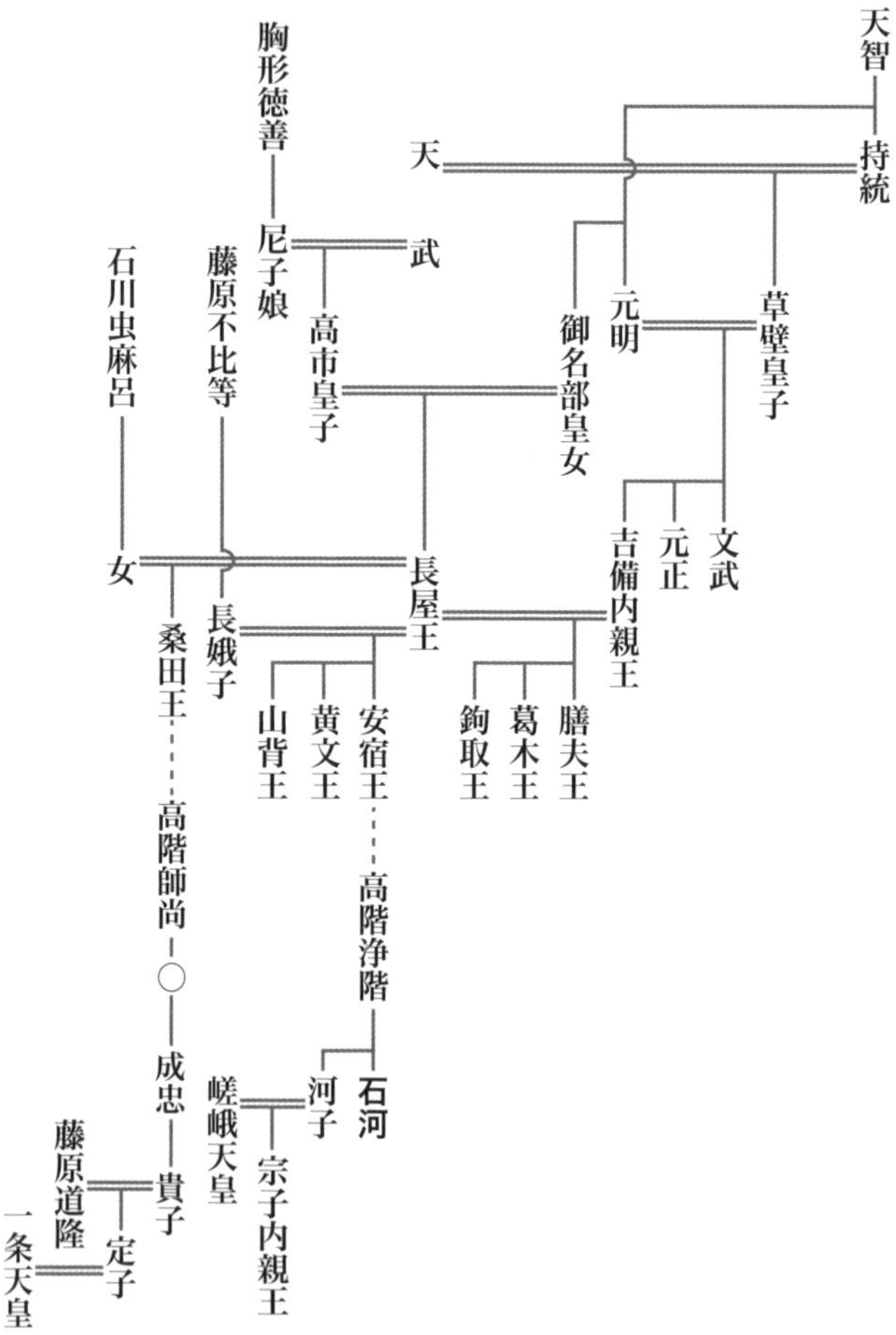
天智
持統
天
武
草壁皇子
元明
御名部皇女
胸形徳善
尼子娘
高市皇子
文武
元正
吉備内親王
長屋王
藤原不比等
石川虫麻呂
女
長娥子
桑田王
膳夫王
葛木王
鉤取王
安宿王
黄文王
山背王
高階浄階
石河
河子
嵯峨天皇
宗子内親王
高階師尚
○
成忠
貴子
藤原道隆
定子
一条天皇

特に天平宝字元年《てんぴょうほうじ》（七五七）の橘奈良麻呂《たちばなのならまろ》の変では、黄文王は奈良麻呂によって太子に擁立されようとした。同母兄の安宿王の自白で、黄文王から奈良麻呂の言を伝えられたと告げられ、また小野東人《あずまひと》が黄文王も謀議に加わっていると自白したので、黄文王は獄中で拷問され、杖下に死んで、名を久奈多夫礼《くなたぶれ》と改められた。

長兄の安宿王は陰謀に坐して密告・召喚され、捕えられて妻子とともに佐渡に流されたが、後に赦され、宝亀《ほうき》四年（七七三）に高階真人の姓を賜わった。この子孫が、石河ということになる。

末弟の山背王は、兄たちの陰謀を密告し、それを賞されて従三位に叙され、母姓を継いで藤原弟貞《おとさだ》と名乗る。後に参議兼礼部卿（治部卿）に任じられ、天平宝字七年に死去した。ただしこれは、恵美押勝《えみのおしかつ》（藤原仲麻呂《なかまろ》）の乱の前年であり、もっと長生きしていれば、押勝に擁立されて、湖上の露と消えていたことであろう。

なお、平安時代に学者や受領として繁栄し、一条《いちじょう》天皇中宮の定子《ていし》の外戚となった高階氏は、桑田王の子孫を称しており、同じ長屋王の子孫でも、藤原氏ではなく石川氏（元の蘇我氏）の血を引いていたことになる。ただ、長屋王の変の時には、いまだ桑田王は幼少であったと思われ、子がいたかどうかは定かでない。奈良麻呂の変の汚名を避けるため、高階氏が系譜を付け替えたものかもしれない。だいたい、この家は、『伊勢物語《いせものがたり》』の在原業平《ありわらのなりひら》と斎宮恬子《てんし》内親王との密通によって生まれた子であるという師尚《もろひさ》が高階氏の養子になったという後世の伝説が生まれるなど、系譜がかなり怪しいのである。

なお、『伊勢物語』のこの部分は後世の書き入れである可能性が高く、このことに言及している伏見宮本『権記《ごんき》』(宮内庁書陵部蔵)でも、この部分は行間に挿入される形で枠外に記されており、後世の加筆である可能性が高い、と最初に原本調査を行なって指摘したのは拙著『一条天皇』(吉川弘文館、二〇〇三年)であるが、これを自分で発見したかのように自著に書いている一条後宮関係や斎宮関係の本や論文も多いので、ここであらためて指摘しておく。

安宿王と石河の父である浄階との間の系譜も不明で、高階真人だから安宿王の後裔だろうといった程度のものである。浄階は少納言であったが、これも石河の卒伝にあるだけである。石河は、延暦《えんりゃく》三年(七八四)の生まれ。中監物を勤めた後、弘仁十三年(八二二)に宮内少丞、次いで宮内大丞に任じられ、翌弘仁十四年(八二三)に従五位下に叙爵された。四十歳の年のことであったが、この時代のこの氏族としては、取りたてて遅い方ではない。その後、兵部少輔・少納言に任じられた後、地方官として常陸介と出雲守に任じられた。承和九年（八四二）正月に従四位下に叙されて中央に復帰し、二月に中務大輔に任じられたものの、五月二十九日に卒去した。五十九歳というのも、当時としては平均寿命を超えていたはずである。

彼の経歴で特筆されているのは、父の浄階と相次いで少納言に任じられた際、石河の称唯の声が細やかでかつ高く、父より勝っていたという評判である。称唯というのは、宮中で官人が天皇の召しを受けたとき、「おお」あるいは「おし」と、口をおおって声を発して答えることを指す。こんなことで称讃されるのは、よほど彼の声が素晴しかったのか、それとも他に褒めることがなかったのか、そのどちらもであろうが、いずれにしても、何らかの美点があるというのは、羨ましい限りである。

なお、称唯の漢字表記は「称唯《しょうゐ》」であるのに、「ゐしょう」と逆に読むのが通例となっている。これは音が「譲位《じゃうゐ》」と似ているのを嫌ったためと説かれるが、「称《しょう》」と「譲《じゃう》」では清濁も異なる上に、室町末期までは「─ょう」と「─ゃう」との発音の区別が保たれていたはずなので、従い難いとのことである（『日本国語大辞典』）。古記録などにも、「称唯」のみならず、「唯称」という表記も多く見られる（「考定《こうじょう》」と「定考《こうじょう》」も同様である）。

『続日本後紀』には記されていないが、石河の妹である河子《かし》は、嵯峨《さが》天皇の後宮に召され、宗子《そうし》内親王を産んでいる。これが皇子であったならば、少しは石河の運命に影響したであろうが、そうはならなかった。宗子内親王は無品のまま、斉衡《さいこう》元年（八五四）に死去している。石河の子孫も伝わらず、高階氏の本流は桑田王の子孫（と称する）系統に移ってしまった。やがてこの系統から、摂関期の中関白家の外戚や、院政期の院の近臣が輩出することになる。

常陸国府故地

菅原道真より優秀だった？祖父の功罪

菅原清公

凶礼を掌る土師氏であった菅原氏

久々に有名人である。もっとも、菅原清公《すがわらのきよとも》は、本人も有名な学者であるが、道真《みちざね》の祖父として名を残している感がある。『続日本後紀《しょくにほんこうき》』巻十二の承和《じょうわ》九年（八四二）十月丁丑条（十七日）は、次のような薨伝を載せている。

文章博士従三位菅原朝臣清公が薨去した。清公は故遠江介従五位下古人《ふるひと》の第四子である。父古人は学問で世に高く、余人と異なっていたが、家に余財は無く、子供たちは貧乏に苦しんだ。清公は若くして儒教経典と史書を学び、延暦《えんりゃく》三年に詔によって東宮に陪侍し、二十歳の時、試験に及第して文章生に補された。学業に優れ、秀才に推挙され、延暦十七年に登用

試験の対策を受けて合格し、大学少允に任じられた。延暦二十一年に遣唐判官に任じられ、近江権掾を兼任した。延暦二十三年七月に渡海して唐に到り、大使と共に天子（徳宗《とくそう》）に謁見し、天子の引き立てを得た。延暦二十四年七月に帰朝し、従五位下に叙され、大学助に転任した。大同《だいどう》元年に尾張介に任じられた。刑罰を用いず、漢の劉寛《りゅうかん》が行なった仁恕に基づく政治を施した。

弘仁《こうにん》三年に任期が満ちて入京し、左京亮に補され、大学頭に遷任された。弘仁四年に主殿頭に任じられ、弘仁五年に右少弁に拝され、左少弁に転じ、式部少輔に遷任された。弘仁七年に従五位上に加叙され、阿波守を兼任した。弘仁九年に詔書が有り、天下の儀式や男女の衣服は、皆、唐法に倣うこととし、五位以上の位記を中国風に改め、諸宮殿や院堂門閣の額題を皆、新たに改め、また百官の拝舞の次第を改めたが、これらの朝儀には、いずれも清公が関与した。弘仁十年正月に正五位下に加叙され、文章博士を兼任し、『文選《もんぜん》』の侍読となり、兼ねて集議の場に加わった。弘仁十二年に従四位下に叙され、式部大輔に転任し、次いで左中弁に任じられたが、意に適わないとして、求めて右京大夫に遷った。嵯峨《さが》天皇が閑余の折、京職大夫の相当位を問うと、清公朝臣は、自らの右京大夫が正五位の官であると答えた。天皇は即日、改めて従四位の官とし、左京大夫も同じとした。

弘仁十四年に弾正大弼に任じられ、天長《てんちょう》元年に播磨権守に任じられて下向した。これは左遷に異ならず、時の人は憂えた。天長二年八月に公卿が議奏して、国の元老である清公を京から遠く離してはならないと奏上して、再び入京させ、文章博士を兼任した。天長三年三月、また弾正大弼に遷任し、信濃守を兼ねた。また左京大夫に転任し、文章博士は元のままとした。天長八年正月に正四位下を授けられ、承和二年に但馬権守を兼任し、『後漢書《ごかんじょ》』の侍読となった。

承和六年正月に従三位に叙された。老病によって弱り、歩行にも難儀するようになった。勅によって、牛車に乗って建礼門の南の大庭の梨樹の下まで到ることを聴された。これは清公が強いて求めたものではなく、日ごろの古事・古書を学んできた学識を認められてのことであった。その後、病を受け、次第に参内しなくなった。仁徳に勝れ生物を愛し、殺伐なことを好まず、仏像を造り経を写すことに努め、常に良薬を服用し、容顔は衰えることはなかった。薨去した時、行年は七十三歳。

菅原氏は、元は大王の喪葬などの凶礼を掌る土師《はじ》氏であった。和泉の百舌鳥（現大阪府堺市）、河内の古市・丹比（現大阪府藤井寺・羽曳野市）、大和の秋篠・菅原（現奈良市）とい

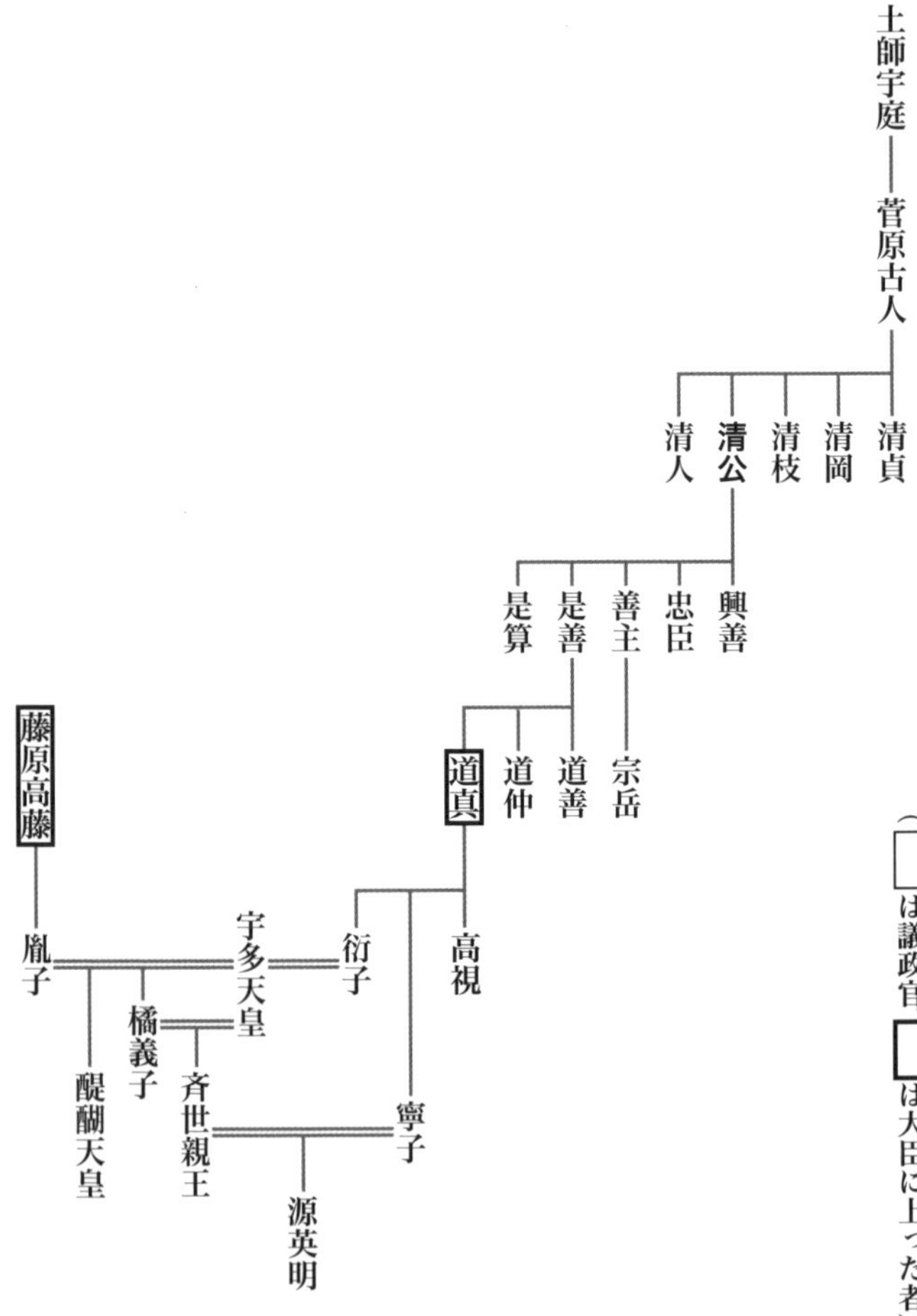

（□は議政官、■は大臣に上った者）

った、倭王権の大王墓の造営された地域を地盤とした。

天応《てんおう》元年（七八一）に土師古人ら十五人が、居地の菅原（現奈良市菅原町）によって土師を改め菅原氏としたいと申し出て、許可されたことから、菅原氏が始まる。延暦九年（七九〇）に、桓武《かんむ》天皇の外祖母が土師氏であったということにより、朝臣姓を賜わった。なお、土師氏には、延暦元年（七八二）に秋篠《あきしの》氏、延暦九年（七九〇）に大枝《おおえ》（貞観《じょうがん》八年〈八六六〉からは大江）氏への改氏が認められた門流もある。

清公は、菅原姓を賜わった古人の四男として、宝亀《ほうき》元年（七七〇）に生まれた。古人も学問で名をなしたが、学者の通例で財は無く、清公ら子供たちは貧乏に苦しんだとある。それでも学問はできるもので、清公は幼少より経史（儒教経典と史書）に通じ、学者の道を歩み始めた。

延暦三年（七八四）に十五歳で東宮に近侍したが、この東宮早良《さわら》親王は、翌延暦四年（七八五）に廃されて絶食死（一説に飲食を与えられず死に至った）してしまう。それでもめげずに学問に励んだ結果、延暦八年（七八九）に二十歳で文章生となり、秀才という地位に推挙され、延暦十七年（七九八）に二十九歳で対策という試験に及第し、大学少允に任じられた。ここまでは順調な学者の歩みであった。

空海、最澄とともに唐へ

転機が訪れたのは、延暦二十一年（八〇二）に遣唐判官に任じられたことであろう。前にも触れた藤原葛野麻呂《かどのまろ》を大使とし、空海《くうかい》・最澄《さいちょう》・橘逸勢《たちばなのはやなり》たちを擁した、延暦の遣唐使の判官である。清公の学問が評価された結果であろう。

一行は延暦二十三年（八〇四）に入唐して徳宗に拝謁し、翌延暦二十四年（八〇五）に帰国した。功績によって従五位下に叙され、大学助に任じられた。大同元年（八〇六）に尾張介に任じられて地方に出たが、中国の儒教の徳治思想を顕わし、刑罰を用いず仁恕に基づいた政治を施したという。

弘仁三年（八一二）に帰京し、左京亮、次いで大学頭に任じられた。ついに四十三歳で学問の世界の頂点に登りつめたことになる。翌弘仁四年（八一三）に主殿頭、弘仁五年（八一四）に右少弁、次いで左少弁、式部少輔、弘仁十年（八一九）に文章博士（兼任）、弘仁十二年（八二一）に式部大輔、左中弁、右京大夫、弘仁十四年（八二三）に弾正大弼と、次々に顕官を歴任し、「儒門の領袖」と称されたという。

和風の名前を唐風に改正

この間、特筆すべきは、弘仁九年（八一八）に献議を行ない、儀式や衣服、宮殿や院堂門閣の額題を唐風に改める詔が下ることとなったことである。たとえば古来から大伴氏が守衛してきた門を大伴門と言ったが、これを唐風に応天門と改称した類である。

また、「東京、愛宕郡。また左京と言う。唐名は洛陽。西京、葛野郡。また右京と言う。唐名は長安」とされ（『帝王編年記《ていおうへんねんき》』）、平安京の右京を長安、左京を洛陽と呼ぶこととなったのも、清公の献議によるものである。後に右京は廃れ、平安京というともっぱら左京を指したために、京に上ることを上洛と称することになったのも、この時の詔に基づくものである。

さらには、それまで和風だった人名の付け方（「田村麻呂《たむらまろ》」など）を唐風に改め、二文字訓読み（「道真」「基経《もとつね》」など）か一文字訓読み（「融《とおる》」「信《まこと》」など）という形式にし、女性の名前も「…子《こ》」という形式にすることも、清公の建言によって導入されたものとされる。

なお、天長三年に式部大輔、左中弁、右京大夫と、次々と転任しているのは、薨伝によると、左中弁は意に適わないとして、求めて右京大夫に遷ったものという。希望どおりに転任が叶うというのも、嵯峨天皇の信任がいかに厚かったかを示すものであろう。

天皇のみならず貴族からも愛される

この右京大夫については、薨伝が面白いエピソードを載せている。嵯峨が清公（当時の位階は従四位下）に京職大夫の相当位を問うと、清公は正五位の官であると答えた。嵯峨はすぐに改めて従四位の官としたという。律令の規定をも替えさせる清公の信任であった。

また、その前、天長元年（八二四）に五十五歳で播磨権守として地方に下ると、時の人は、これは左遷であると憂えた。翌天長二年（八二五）に公卿が議奏して、国の元老である清公を京から遠く離してはならないと奏上し、再び入京させて、文章博士を兼任させたという。天皇のみならず、貴族層全体からも大いに尊敬されていたことがわかる。この点、孫の道真とは随分と違うものである。

この間、勅撰漢詩集である『凌雲集《りょううんしゅう》』（弘仁五年編纂）、『文華秀麗集《ぶんかしゅうれいしゅう》』（弘仁九年編纂）の撰者の一人となり、天長十年（八三三）に完成した『令義解《りょうのぎげ》』の編纂にも参画した。清公本人の漢詩は、『凌雲集』に四首が採録されているほか、家集に『菅家集《かんけしゅう》』がある。

その後も文章博士の兼任は続いたが、承和六年（八三九）に従三位に叙され、公卿の列に加わった頃には、すでに七十歳に達し、老病によって弱り、歩行も困難になっていた。この頃には、当時の平均寿命をはるかに超えていたのである。仁明《にんみょう》天皇の勅によって、牛車に乗ったまま建礼門の南の大庭の梨樹の下まで到ることを聴された。

薨伝によると、これは清公が求めたものではなく、日ごろ古事・古書を学んできた学識を認められてのことであったという。同じく古事・古書を学んでいる者として、自分との差に恥じ入るばかりである。

その後、病を受け、さすがに参内しなくなったという。仁徳に勝れ生物を愛し、殺伐なことを好まず、仏像を造り経を写すことに勤め、常に良薬を服用し、容顔は衰えることはなかったものの、承和九年についに薨去した。時に七十三歳。

「文章博士の世襲」が招いた功罪

清公には五人の男子が知られるが、このうち、是善《これよし》の子が道真である。孫の道真が死後に天神として祀られたことから、清公も是善と共に天満宮に祀られることになった。

と、まことに学者としてはこれ以上、考えられないような人生を送った清公であるが、その一面では、私邸の廊下に学生を集めて「菅家廊下《かんけろうか》」と称されるようになり(『北野天神御伝《きたのてんじんごでん》』)、学閥を形成することとなった。また、文章博士を菅原氏が世襲することになった基を築いたのも、清公であった。当然、他氏の学者の反撥を買うこととなり、後に道真が左遷される遠因となったという評価もある。清公は与り知らぬことであろうが。

菅原院故地(菅原院天満宮)

不思議な一芸のおかげで出世した官人

笠梁麻呂

吉備氏から分かれた氏族・笠氏

今回は一芸に秀でた人について述べよう。一芸と言っても、何とも不思議な芸である。『続日本後紀《しょくにほんこうき》』巻十二の承和《じょうわ》九年（八四二）十二月戊辰条（八日）は、次のような卒伝を載せている。

伯耆守従四位上笠《かさ》朝臣梁麻呂《やなまろ》が卒去した。梁麻呂は、弘仁《こうにん》二年に従五位下に叙され、弘仁十二年正月に従五位上となり、弘仁十四年に正五位下に叙された。天長《てんちょう》三年に兵部大輔に任じられ、民部大輔に遷った。天長八年正月に従四位下を授けられ、承和の初めに丹波守として赴任し、京に戻って勘解由長官に補された。承和五年に従四位上に昇叙した。華々しい才

能は無かったが、事務能力を以て称され、承和二年に左中弁に拝された。当時、役所に柿本《かきのもと》安永《のやすなが》という者がいて、口達者な人であった。しばしば秩序を乱すようなことを口にしていた。何度も官がその身を召喚して詰問したが、言葉巧みに言い逃れ、承伏することがなかった。梁麻呂はわずかに一問しただけで、安永は舌を巻いて引き退った。同僚は皆、「梁麻呂には遠く及ばない」と言った。年老いると劇務の官を去り、伯耆守に遥任《ようにん》された。六十五歳で死んだ。

笠氏というのは、かつて倭王権の成立にも大きく関わった吉備地方に勢力を持った吉備《きび》氏から分かれた氏族である。吉備氏は対朝鮮活動にも活躍した一族の総称であるが、瀬戸内海という海上交通の要を押さえ、山間部は鉄資源に富んでいたという条件から、倭王権にも比肩する勢力を誇った。五世紀に築造された造山《つくりやま》古墳をはじめとする巨大古墳や六世紀の吉備氏の反乱伝承は、その表われである。

吉備氏の系譜は孝霊《こうれい》天皇皇子四道将軍の吉備津彦命《きびつひこのみこと》の後裔とも、弟の稚武彦命《わかたけひこのみこと》の子孫とも称するが、記紀の伝承は整合せず、信頼しがたい。吉備氏というのは多くの氏族の総称で、備前地方には上道臣《かみつみち》を中心に三野《みの》臣、備中地方には下道臣《しもつみち》を中心に加夜《かや》(香屋・賀陽)臣・

苑《その》臣・笠臣が居た。笠氏はここに含まれるが、その居地が詳らかではなく、最も新しく吉備氏系譜に割り込んだと見られている（『国史大辞典』による。石井英雄氏執筆）。

吉備氏は早くから中央に進出し、朝臣姓を賜わって中央官界で活躍した笠氏（笠志太留《したる》・笠諸石《もろいし》・笠麻呂《まろ》など）や下道氏（後に吉備朝臣）、上道氏などがいた。平安時代になっても、学者となったり（賀陽豊年《かやのとよとし》）、下級国司に任じられたり（下道色夫多《しこぶた》・笠雄宗《おむね》・賀陽宗成《むねなり》・笠名高《なたか》・上道忠職《ただもと》など）した者を出している。賀陽氏は備中の吉備津彦神社の宮司として江戸時代まで賀陽国造を称し、一族からは栄西《ようさい》禅師が出ている。

笠氏は、先に挙げた笠志太留（垂とも。古人大兄《ふるひとおおえ》王子の謀反を密告）・笠諸石・笠麻呂（満誓《まんぜい》。奈良時代初期の能吏）・笠雄宗・笠名高のほか、万葉歌人の笠郎女《いらつめ》や笠金村《かなむら》、征隼人将軍の笠御室《おむろ》、平安時代初期の良吏である笠宗雄《むねお》などが出ている。岡山県吉備中央町の鴨神社は、笠臣が祖である鴨別命を祀ったと称している。

梁麻呂は、民部大輔笠江人《えひと》の子とする系図もあるが、真偽は不明である。宝亀《ほうき》九年（七七八）に生まれ、弘仁二年（八一一）に三十四歳で従五位下に叙爵され、民部少輔に任じられたとあるから、その出自を考えると、異数の出世と言えよう。ただ、従五位上に昇叙されるまで十年を要しているのは、やはりその出身氏族が影響しているのであろう。

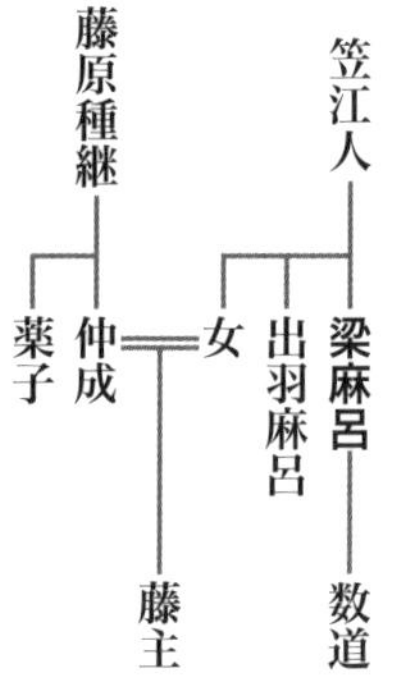

なお、姉妹が平城《へいぜい》上皇の側近である藤原仲成《なかなり》の室となっていることは『日本後紀《にほんこうき》』に見えるので、史実のようである。ただ、仲成が「平城太上天皇の変（薬子《くすこ》の変）」で射殺されているものの、その官歴にはまったく影響していないなど、梁麻呂は政治の表舞台とは一線を画していたようである。

淳和《じゅんな》天皇の代になると、兵部大輔や民部大輔といった要職を歴任し、天長八年（八三一）に五十四歳で従四位下に叙された。四位というのは、なかなか到達できる位階ではない。

仁明《にんみょう》天皇の代に入ると、勘解由長官、そして承和二年（八三五）に左中弁と、また要職に就いた。卒伝は、「華々しい才能は無かったが、事務能力を以て称された」と記すが、これこそが実務官人としてもっとも必要な能力ではないだろうか。

そして梁麻呂の隠れた才能が開花する日がやって来た。当時、役所（弁官局）に口達者な柿本安永という者がいて、しばしば秩序を乱すようなことを口にしていたが、いつも召喚されて詰問されても、言葉巧みに言い逃れたという。どこにでもこういった男はいるものであるが、梁麻呂が一問しただけで、安永は舌を巻いて引き退ったという。同僚は梁麻呂を褒めそやしたが、梁麻呂としてみれば、日常的な実務を行なっただけであったことであろう。

それにしても、この卒伝にのみ登場する柿本安永という男、柿本氏なのであるから、春日《かすが》・大宅《おおやけ》・粟田《あわた》・小野《おの》氏などの氏に分かれた、奈良盆地北部を地盤とした和邇《わに》氏の一族である。柿本人麻呂《ひとまろ》や小野妹子《いもこ》とも血のつながった人物であることを思うと、これくらいの弁舌があっても不思議ではない。いかなる官位を持ち、いかなる人生を歩んできたかはわからないが、何とも気になる人物である。この一件は、どのような経緯を経て、正史にまで伝わったのであろうか。

それはさておき、梁麻呂はこの後も目立った活躍を見せることなく、承和七年（八四〇）に大舎人頭に任じられたものの、その年の内に丹波守に転じた。この後、老齢であることから、激務を避けるために伯耆守に任じられ、任地には赴かない遥任で務めた。そしてそのまま卒去したのである。六十五歳というと、当時としては立派な老齢である。

梁麻呂には数道《かずみち》という子があったとする系譜があるが、史実としては定かではない。

なお、先ほど触れた遥任というのは、地方官に任命されながら、赴任して執務することを免除されることであるが、梁麻呂が伯耆守に遥授された例などは、国史にみえる遥任の早い例である。

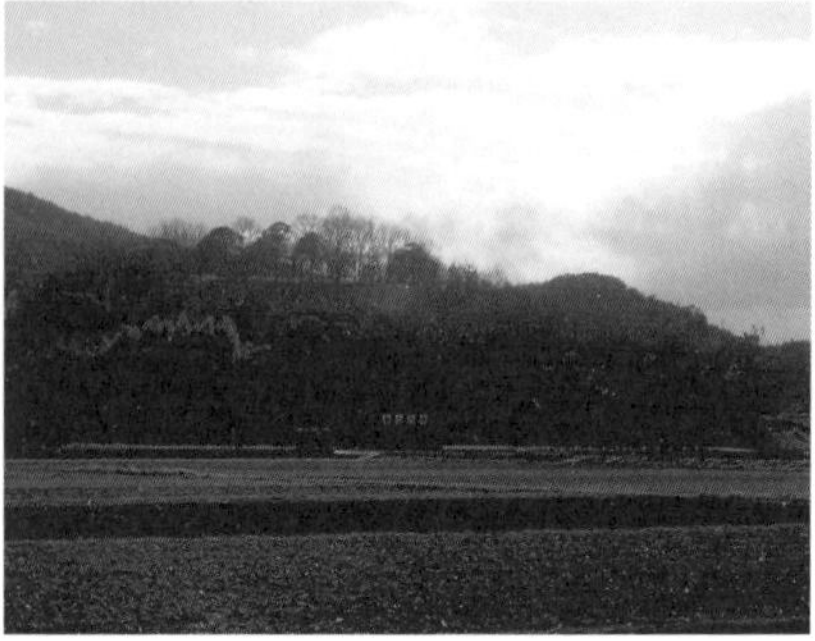

造山古墳

実直な人柄で愛された伴氏の官人、その異例の最期

伴友足

多数の処罰者を出し、衰退した伴氏の官人

後世の往生伝（永観《えいかん》元年〈九八三〉から寛和《かんわ》二年〈九八六〉の間に慶滋保胤《よししげのやすたね》によって撰された『日本往生極楽記《にほんおうじょうごくらくき》』が嚆矢《こうし》）に類する記事として、『続日本後紀《しょくにほんこうき》』巻十三の承和《じょうわ》十年（八四三）正月甲午条（五日）に載せられた伴友足《とものともたり》の卒伝を紹介しよう。

散位《さんい》従四位上伴宿禰友足が卒去した。友足は延暦《えんりゃく》二十二年に内舎人に任じられ、弘仁《こうにん》の初年に左衛門大尉となった。弘仁五年に従五位下に叙され、右兵衛佐に拝任された。天長《てんちょう》六年に加賀守を兼任し、遠江守・常陸介に遷任し、十月に左衛門佐に任じられた。天長十年に

従四位下を授けられた。

友足は生まれつき公平で実直な性格で、物を恐れず、頗る武芸に優れ、最も鷹と犬を好んだ。百済王《くだらのこにきし》勝義《しょうぎ》と時を同じくして狩猟をしたが、気配りのほどは異なっていた。勝義は鹿を獲っても、必ずしもその肉を人に分けなかったが、友足は御贄《にえ》として天皇に献上し、余りは五位の者たちに配り、一片の肉も残さなかった。このため、五位の者たちが戯れて言ったことには、「閻魔王のところへ引き出され、たとえ友足が地獄へ送られても、我々が救って、必ず脱出させてやるが、誤って勝義が浄土に行くようなことがあっても、我々がまた訴え出て、地獄に堕してやる」と。

友足は六十六歳で卒去したが、自ら死期を知り、沐浴して束帯を着し、病も無く生を終えた。有識者はこれを珍しいこととし、評価して言ったことには、「死後の楽土のことがわかっている人物である」と。

藤原種継《たねつぐ》暗殺事件の大伴家持《おおとものやかもち》、承和の変の伴健岑《こわみね》、応天門の変の伴善男《よしお》・中庸《なかつね》父子が首謀者となり、一族も流罪の処罰を受けたりしたために、伴氏（元の大伴氏）は没落への道をたどっていったのである。そして参議保平《やすひら》を最後に、議政官に上る官人は出なくなった。

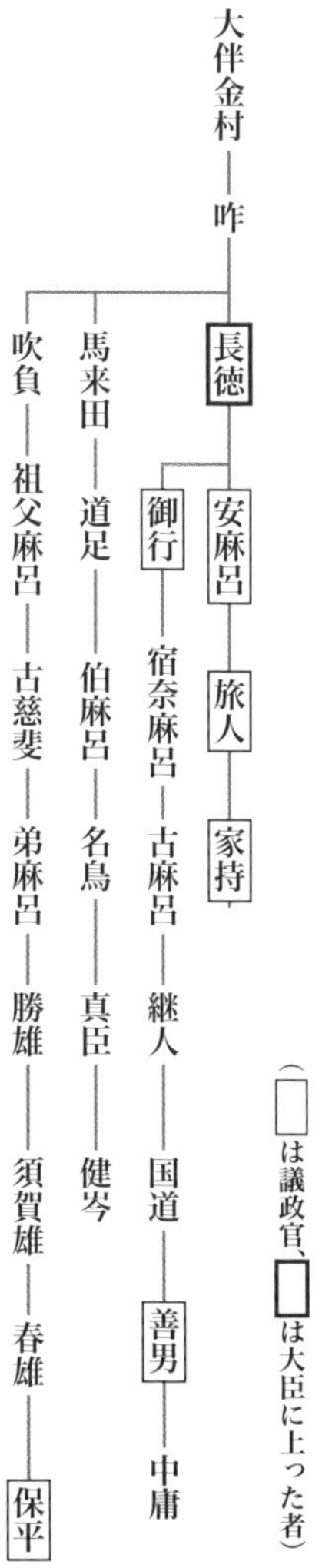

この伴友足は、宝亀《ほうき》七年（七七六）の生まれ。系譜については、父祖も子孫も不明である。延暦二十二年（八〇三）に二十八歳で内舎人となり、官人社会に足を踏み入れた。二十八歳という年齢は、取りたてて遅い年齢というわけではない。

弘仁年間（八一〇〜八二三）初頭とあるから、三十代半ばであろうか、左衛門大尉を経て、弘仁五年（八一四）に三十九歳で従五位下に叙され、右兵衛佐に任じられるなど、嵯峨《さが》天皇の時代には武官を歴任した。軍事氏族としての大伴氏の伝統を踏まえたものであろう。

なお、弘仁十四年（八二三）に大伴《おおとも》親王が即位して淳和《じゅんな》天皇となるや、大伴氏は氏の名を大伴から伴に改めている。天皇の諱《いみな》（本名）を避けたものであるが、本来、王族の諱はそれを資養した乳母氏族の名を冠するものであったから、天皇を含む王族と同じ名の氏族が存在するのは、当然のことであった。それを避けて自らの氏の名を改めるというのも、大伴氏ならではの意識によるものであろう。

さて、淳和天皇の時代になっても、友足は天長六年（八二九）に五十四歳で左衛門佐に任じられるなど、引き続き武官に任じられたが、この年には、加賀守、遠江守、常陸介と地方官を兼任したりして、左衛門佐の後の武官への任官は確認できない。やはりこの分野でも、藤原氏の進出が顕著になっているのであろう。

そして散位（位階だけあって官職のない者）のまま、友足は承和十年に六十六歳で卒去した。これだけなら、単に没落しかかっている軍事氏族の中級官人の一生なのであるが、特筆すべきは、その人格とエピソード、そして評判と死亡の様子である。

卒伝によると、友足の人格は、公平で実直な性格、物を恐れず、武芸に優れ、鷹と犬を好んだとある。エピソードとしては、狩猟をして鹿を獲っても、天皇に献上し、余りは五位の者たち（下僚ということか）に配って、自分の分は残さなかったという。下僚の評判は、死後に友足が地獄へ送られても、我々が必ず脱出させてやるというものであった（反対に浄土に行っても、また地獄に堕してやると言われた百済王勝義は、実際にもそういう人物だったのであろうが、気の毒でならない)。

そして友足は死に際して、自ら死期を知り、沐浴して束帯を着し、病も無いまま生を終えたという。死後の楽土のことがわかっている人物であると評された。死後にどうなったかが語られていない点が、後世の往生伝とは異なるが、このような死生観が正史に記録されることは、きわめて異例である。これも友足の人徳によるものなのであろう。

ここには、没落してもなお、「海行かば水漬く屍 山行かば草生す屍 大君の辺にこそ死なめ顧みはせじ」と詠った先祖の訓戒を守り続ける姿が現われている。藤原氏の専権に反抗して陰謀をめぐらせては弾圧された先祖の轍《てつ》を踏むことなく、与えられた歴史条件を、精一杯、そして実直に、大伴氏としての誇りを棄てることなく生きた中級官人の姿があるのである。

大野真鷹

一代の天皇に尽くした軍事官僚の天晴れな人生

軍事氏族として知られる大野氏

続けて軍事官僚について述べるとしよう。『続日本後紀《しょくにほんこうき》』巻十三の承和《じょうわ》十年（八四三）二月壬戌条（三日）は、次のような大野真鷹《おおののまたか》の卒伝を載せている。

散位《さんい》従四位下勲七等大野朝臣真鷹が卒去した。真鷹は左近衛中将従四位上勲五等真雄《まさお》の子である。弘仁《こうにん》元年に春宮坊主馬首に任じられ、やがて左兵衛少尉・右衛門少尉を歴任して、弘仁十二年に従五位下に叙され、散位頭・大監物・左兵衛佐に至った。淳和《じゅんな》天皇が践祚した天《てん》長《ちょう》の初年、右近衛権少将に任じられた。旧臣であったからである。ついで正五位下を授けられ、中将に転任した。天長九年に従四位下を授けられた。天皇が退位して、遊閑の日を送るようになっても、真鷹は朝廷に出仕した。この天長十年の十一月、大嘗会に供奉し、警固の陣が解散すると、自ら帯びていた武具を権中将藤原朝臣助《たすく》に贈り、山城国綴喜郡の私邸に隠居して、以後はまた出仕することを止めた。真鷹は生来、学問は無かったが、鷹や犬を好み、公務に精励して、朝から夜まで怠ることはなかった。また、日ごろ、俸給を割いて、写経を行ない、仏像を造顕したが、人に知らせることはなかった。老齢となって、とみに供養・薫修に励み、死後の遺族が追善仏事で煩うことのないようにした。父子ともに武門として行跡を同じくし、見る者を、「自分はこの父子に及ばず、残念だ」と歎息させた。その後、紀伊権守に拝任されたが、未だ赴任しないうちに卒去した。時に行年は六十二歳。

大野氏というのは、上野国山田郡大野郷を本拠とし、上毛野《かみつけの》氏と同祖を称した氏族である。壬申の乱に際して近江朝廷の将に大野果安《はたやす》がおり、その子の東人《あずまひと》は神亀《じんき》元年(七二四)以降の蝦夷征伐や天平《てんぴょう》十二年(七四〇)の藤原広嗣《ひろつぐ》の乱の討伐に功があり、参議に上った。
その後も鎮守判官大野横刀《たち》、恵美押勝《えみのおしかつ》の乱で活躍した大野真本《まもと》、陸奥国伊治城の築城に功のあった大野石本《いわもと》など、軍事面での活躍が目立っている。真本の子の真雄も左近衛中将に任じられるなど、軍事貴族としての伝統は続いていた。

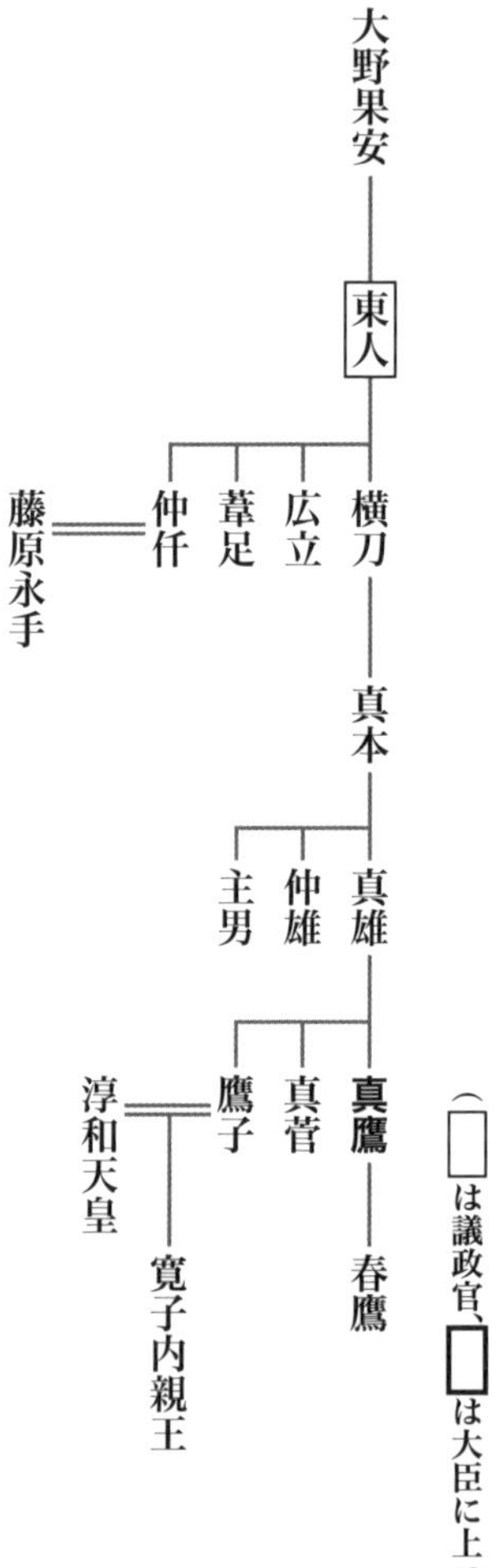

真鷹は、真雄の子。延暦《えんりゃく》元年（七八二）に生まれた。弘仁元年（八一〇）に十九歳で春宮坊の主馬首に任じられ、皇太子大伴《おおとも》親王（後の淳和天皇）に仕えた。その後、左兵衛少尉・右衛門少尉といった武官を経て、弘仁十二年（八二一）に三十歳で従五位下に叙爵された。

それから時期は不明ながら、散位頭・大監物・左兵衛佐を歴任し、淳和天皇の代になって、天長元年（八二四）に三十三歳で右近衛権少将、天長七年（八三〇）に三十九歳で右近衛中将に任じられ、父の官にほぼ並んだ。父子で武門として行跡を同じくし、皆はこの父子に及ばず残念だと、見る者を嘆息させたという。

ところが、天長十年（八三三）二月に次の仁明《にんみょう》天皇の代になると、十一月の大嘗会の警固の陣に供奉し、その陣が解かれると、真鷹は帯びていた武具を右近衛権中将の藤原助に贈り、山城国綴喜郡の邸宅に退去して隠棲し、出仕を取りやめた。これで真鷹は武官から外され、散位という無官の状態が続いた。これは真鷹にとっても不本意なことだったであろうが、官人たる者、天皇の行なう人事に不満を抱いてはならない。ただ、大嘗会の際の態度が仁明の心証を悪くしたであろうことは、十分に考えられるところである。真鷹としては、東宮時代から淳和に仕えてきて、「忠臣は二君に仕えず」といったところであろうが、新帝としては、あまり気分のいいものではなかろう。このあたり、無骨な武官の風貌が窺える。

承和年間、真鷹は紀伊権守という地方官に任じられたが、赴任することなく、承和十年に卒去した。六十二歳。

真鷹の人となりは、学問は無かったものの鷹や犬を好み、公務に精励して怠ることはなかったというものであった。また、日ごろから俸給を割いて写経を行ない、仏像を造顕したが、人に知らせることはなかった。老齢となってからは供養・薫修に励み、死後に遺族が追善仏事で煩うことのないようにしたという。

よく考えれば、首尾一貫した天晴れな人生と称することもできよう。

軍事官僚として活躍した皇親氏族の意外な一面

文室秋津

久々に皇親氏族である。『続日本後紀《しょくにほんこうき》』巻十三の承和《じょうわ》十年（八四三）三月辛卯条（二日）には、次のような文室秋津《ふんやのあきつ》の卒伝が見える。

「承和の変」に連座して左遷

出雲権守正四位下文室朝臣秋津が卒去した。秋津は、大納言正二位智努《ちぬ》王の孫で、従四位下勲三等大原《おおはら》王の第四子である。弘仁《こうにん》七年に従五位下に叙された。明年、甲斐守に任じられ、後に武蔵介に任じられた。天長《てんちょう》の初年、左兵衛権佐に補され、天長二年に正五位下に昇叙し、左近衛中将に遷った。八月に四位に叙され、天長六年に参議に拝された。天長七年に右大弁を兼ね、天長九年に武蔵守を兼ねて、左大弁に遷った。天長十年に春宮大夫を兼ねた。承和

元年に上表して、左大弁・左近衛中将の職を停めることを求め、勅により左大弁を停められた。承和二年に右近衛中将に遷り、七月に右衛門督に任じられた。非違の監察には、最もこの人が適任であった。また、武芸を論じれば、勇将と称するに十分であった。但し飲酒の席にあっては、一人前の男に似つかわしくなかった。三、四坏の酒を飲むたびに、必ず酔って泣く癖が有ったからである。承和九年秋七月に伴健岑《とものこわみね》たちの謀反に連坐して、出雲員外守に左遷され、遂に配処で卒去した。時に行年は五十七歳。

文室氏というのは、天武《てんむ》天皇皇子長《なが》親王の子智努王と大市《おおち》王の兄弟が天平勝宝《てんぴょうしょうほう》四年（七五二）に臣籍に降下して賜わった氏である。はじめは皇親氏族として真人姓であったが、平安時代になると天武《てんむ》朝の八色の姓で最上格の姓であった真人もありがたみがなくなり、弘仁元年（八一〇）に綿麻呂が文室朝臣を賜わった後は、朝臣姓として史料に登場する者も出てくる。

文室智努は後に名を浄三《きよみ》と改め、御史大夫（大納言）に上った。宝亀《ほうき》元年（七七〇）八月に称徳《しょうとく》天皇が死去すると、吉備真備《きびのまきび》はこの浄三を皇嗣に推したが、浄三はこれを辞退し、二箇月後の十月に死去した。なお、真備は次に弟の大市《おおち》を推したが、結局は藤原百川《ももかわ》をはじめ、藤原永手《ながて》や藤原良継《よしつぐ》たちが宣命を偽作《ぎさく》して、天智《てんじ》の皇孫である白壁王《しらかべ》を即位させた（光仁《こうにん》天皇）。

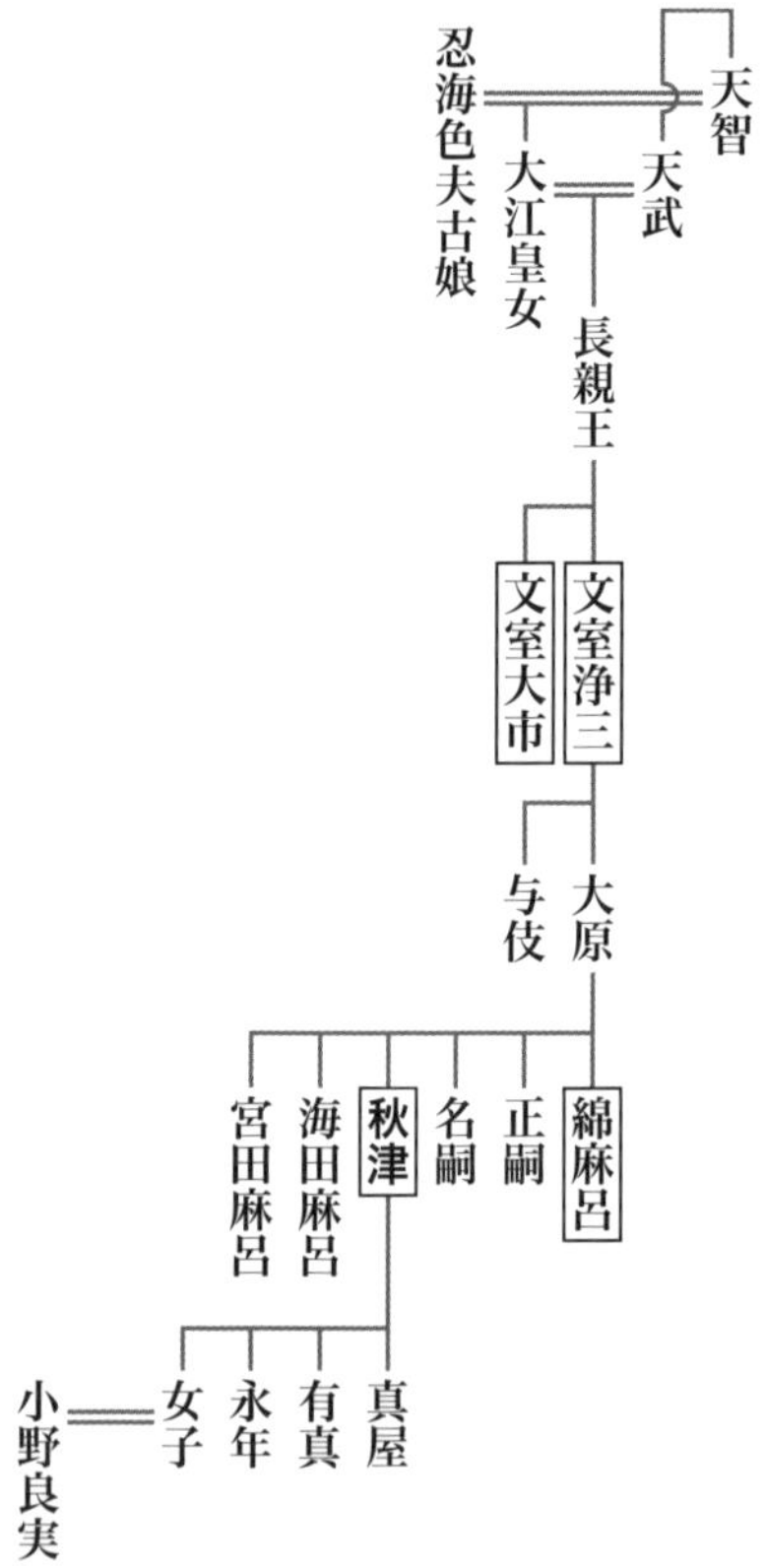

（□は議政官、■は大臣に上った者）

浄三の子の大原は備前守で終わったが（なお、大原は姓を三諸《みもろ》朝臣に替えている）、その一男の綿麻呂《わたまろ》は征夷将軍として名高い。綿麻呂の弟で大原の四男が秋津である。なお、末弟の宮田麻呂《みやたまろ》は、筑前守として任地にあった承和八年（八四一）、新羅人張宝高《ちょうほうこう》と関わりを持って国際交易に手を出し、承和十年（八四三）に謀反を告発されて伊豆国に配流され、配所で没している。

秋津は延暦《えんりゃく》六年（七八七）に生まれた。浄三の孫として蔭位を受け、弘仁元年（八一〇）に二十四歳で右衛門大尉、次いで右近衛将監と武官を歴任し、弘仁五年（八一四）に蔵人に補された（『公卿補任《くぎょうぶにん》』）。

弘仁七年（八一六）に三十歳で従五位下に叙され、右馬助、次いで左近衛将監、天長元年（八二四）に右兵衛権佐、天長二年（八二五）に左近衛中将と、また武官を歴任した。

その後は権力中枢への昇進が始まった。天長四年（八二七）に蔵人頭を兼ね（頭中将）、天長七年（八三〇）には四十三歳でついに参議に任じられ、公卿に上ったのである。その年のうちに右大弁も兼ね（天長九年〈八三二〉には左大弁に遷っている）、まさに太政官と武官両方の中枢に位置することとなった。

しかしながら、天長十年（八三三）に仁明《にんみょう》天皇が即位し、淳和《じゅんな》太上天皇の皇子である恒《つね》貞《さだ》親王が皇太子に立った際に、春宮大夫を兼ねたことが、後で考えるとケチの付き始めであった。承和元年（八三四）に検非違使別当に補されるにしたがって左大弁の任を解かれ、翌承和二年（八三五）に右近衛中将も止められた。

そして承和九年（八四二）七月十五日に嵯峨《さが》太上天皇が死去すると、十七日、平城《へいぜい》天皇皇子の阿保《あぼ》親王が橘嘉智子《かちこ》に封書を送り、伴健岑《とものこわみね》と橘逸勢《はやなり》が恒貞皇太子を奉じて東国に向かおうとしていることを密告した。嘉智子はこれを藤原良房《よしふさ》に送り、良房が仁明天皇に奏上させた。「承和の変」の発端である。すぐに関係者が逮捕され、二十三日には、恒貞親王の廃太子と、大納言藤原愛発《ちかなり》・中納言藤原吉野《よしの》、そして秋津の左遷が宣下された。

「皇太子は知らなかったにしても、悪者に皇太子が煽動された事件のことは、古くから伝えられている」という言葉が、事件の本質を表わしている。伴健岑と橘逸勢は二十八日に流罪となった一方、事件の処理にあたった良房は、二十五日に大納言に上っている。また、春宮《とうぐう》坊《ぼう》の官人が全員、二十六日に左遷されている。なお、逸勢は八月十三日、阿保親王は十月二十二日に死去し、逸勢は後に怨霊になったとされる。

秋津も春宮大夫であった関係でこの事変に連座し、出雲員外守に左遷された。そして一年足らずの後、配所で死去したことになる。よほど失意の中にあったのであろう。

この秋津、武官として武芸を論じれば、勇将と称するに十分であったとあり、また検非違使別当としては、非違の監察には最もこの人が適任であったと卒伝にある。まことに立派な軍事官僚と称することができよう。

ただし、それに続けて、酒癖が記されている。薨卒伝に酒癖が記されると、たいていは酒癖が悪くて暴れたとかいうものが多いが、秋津は違う。一人前の男に似つかわしくなく、三、四坏の酒を飲むたびに、必ず酔って泣く癖が有ったというのである。いわゆる泣き上戸というやつなのであった。これも秋津の人格の一端を語っているのであろう。

文室氏はその後も、平将門の上兵として仕えた文室好立《よしたて》や、刀伊《とい》の入寇を撃退した筑前国志摩郡住人の文室忠光《ただみつ》など、おおよそ皇親氏族とは思えない武人を輩出している。これも綿麻呂や秋津の余慶であろうか。

現阿保親王墓

藤原緒嗣

桓武天皇が最も信頼した式家最後の大臣が出世した理由

北家より式家が有力だった藤原氏

たまには権力者をご紹介しようか。『続日本後紀《しょくにほんこうき》』巻十三の承和《じょうわ》十年（八四三）七月庚戌条（二十三日）は、致仕《ちし》（官職を退いて引退すること）左大臣藤原緒嗣《おつぐ》の薨去を、次のように記している。

致仕左大臣正二位藤原朝臣緒嗣が薨去した。慣例によって使者を遣わし、喪事を監視し護らせることとしたが、遺言によりそれを辞退した。仁明《にんみょう》天皇が詔して云ったことには、「緒嗣の功績を思う朕の気持ちは心中深く、その徳を回想すると昔馴染みの思いがする。天の秩序に適った法則をすべて身につけ、人臣の盛んな人望を担った人物であった。さらに朕の幼かった頃から皇室を護り、鷹隼のような固い志をもち、事に当たっては松竹のように変わらない節操があった。哀しく死を悼み、栄誉で包もうと思う。朕の贈る栄光で冥路を照らすことができよう。そこで従一位を贈ることにする」と。

続けてその薨伝が載せられている。

緒嗣は参議正三位式部卿大宰帥宇合《うまかい》の孫で、贈太政大臣正一位百川《ももかわ》の長子である。桓武《かんむ》天皇が延暦《えんりゃく》七年春に緒嗣を殿上に喚んで、元服を行なった。その時の冠と頭巾は、いずれも天皇の下賜品であった。そして正六位上を授け、内舎人に補任して剣を賜い、「これは汝の父が献上した剣である。汝の父の良き言葉は今になっても忘れない。一たび思い出すごとに、思わず涙が出る。今、これを汝に下賜するが、失うようなことがあってはならない」と語った。ついで封百五十戸を賜い、延暦十年春には従五位下に叙され〈時に年十八歳。〉、侍従・中衛少将に任じて、常陸介・内厩頭を兼任し、俄かに衛門佐に遷った。延暦十六年七月には正五位下に叙され、それから十二日も経たないうちに従四位下を授けられた〈時に年二十四歳。〉。

ついで衛門督に転じて出雲守・造西寺長官を兼ね、延暦二十年九月に衛門督を停めて右衛士督となり、延暦二十一年夏六月、天皇が神泉苑《しんせんえん》に行幸して宴を催すと、天皇は緒嗣に和琴を弾奏させた。天皇は大臣神王《みわ》を喚んでしばらくの間、耳語し、涙を流した。ついで、皇太子（安殿《あて》親王）と親王らを殿上へ召して、「緒嗣の父がいなければ、自分はどうして帝位を践《ふ》むことができたであろうか。緒嗣は若く、臣下の者は怪しむだろうが、緒嗣の父の多大な功績は忘れることのできないものであり、緒嗣を参議とし、その長年にわたる恩に報いようと思う」と詔した。大臣神王はこの勅を奉じて、すぐに起って天皇の言葉を唱し伝えた〈時に年二十九歳。〉。

ついで山城・但馬守を兼任し、大同《だいどう》元年に従四位上となり、山陰道観察使に任じられ、大同二年に左大弁を兼ねた。この年、刑部卿を兼ね、東山道観察使兼陸奥出羽按察使に遷り、冬十月に正四位下に昇進した。弘仁《こうにん》年中に右兵衛督や右衛門督となり、按察使を辞め、続けて美濃守や近江守を兼ね、武官を辞して宮内卿に遷り、河内守を兼任した。ついで従三位に叙され、中納言となり、俄かに正三位を授けられて、民部卿に遷り、大納言に転じて、従二位を授けられ、皇太子傅を兼ねた。天長《てんちょう》二年に右大臣となったが、封千戸を返上した。天長九年に左大臣に転じた。弘仁以降、辞職の表を十度以上も呈出したが、三朝（嵯峨《さが》・淳和《じゅんな》・

仁明天皇）が手厚い詔により、許可しなかった。

緒嗣朝臣は政治に練達していて、労せずしてよく国政を処理し、国家の利害については知れば必ず奏上した。ただし、二人の人があることについて議論している時に、始めに語った者の説が正しくなく、後に語った者の説が真実であっても、先の説を確信すると、後説を容れないところがあった。この偏見への固執により、批判を受けた。時に行年は七十歳。

平安時代の藤原氏というと、どうしても北家を思い浮かべることと思うが、実は光仁《こうにん》天皇の擁立以来、「平城《へいぜい》太上天皇の変（薬子《くすこ》の変）」までは、宇合を祖とする式家の方が優勢であった。

桓武の側近として長岡京造営に尽力した種継《たねつぐ》が暗殺されていなければ、そして平城の側近であった種継男の仲成《なかなり》が嵯峨の命によって射殺されなければ、この一門が藤原氏の嫡流となって摂関政治をリードしていたかもしれないのである（摂関政治になったかどうかはわからないが）。

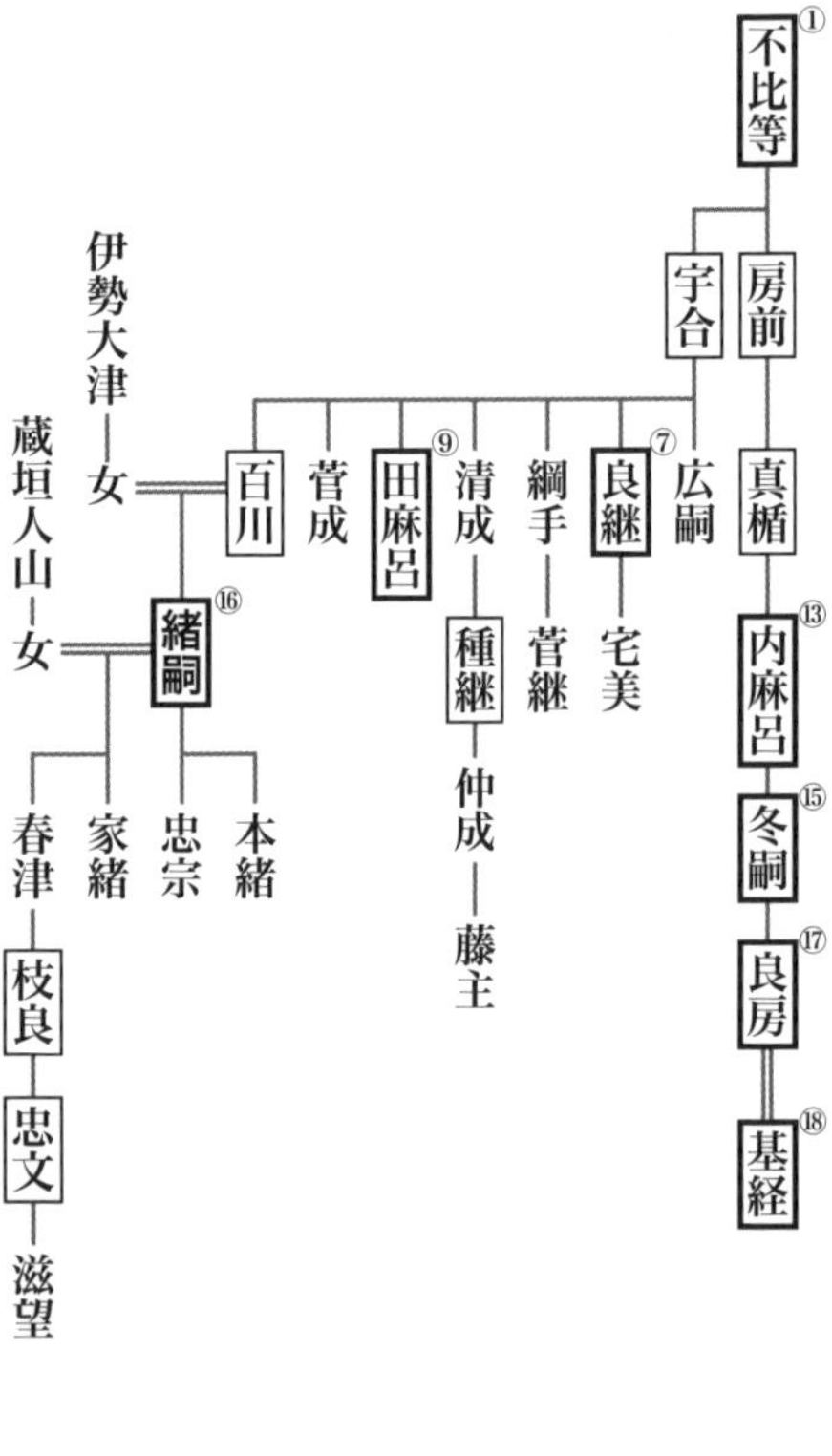

（□は議政官、□は大臣に上った者、数字は氏長者継承順）

菅野真道と徳政を論じる

緒嗣は、光仁天皇の即位や山部《やまべ》親王（後の桓武天皇）の立太子に暗躍したとされる百川の長子として、宝亀《ほうき》五年（七七四）に生まれた。桓武は百川の功績に恩義を感じており、緒嗣を鍾愛して、延暦七年（七八八）に元服した際には、殿上に召して自ら加冠し、恩詔を下して正六位上を授け、内舎人に任じた。そして、かつて百川が献上した剣を授け、封戸百五十戸を下賜した。

剣というものが、かつての草壁《くさかべ》皇子や文武《もんむ》天皇、首《おびと》皇子（後の聖武《しょうむ》天皇）と藤原不比等《ふひと》の間でやりとりされるなど特別な君臣関係に係る呪術性をもつものであることを思うとき、緒嗣に対する桓武の思いは、推して知るべきであろう。

その後も延暦十年（七九一）に十八歳で従五位下に叙され、侍従・中衛少将・衛門佐・右衛士督を歴任した後、延暦二十一年（八〇二）には、わずか二十九歳で参議に任じられた。

その際、神泉苑に行幸した桓武は、緒嗣に和琴を弾奏させ、神王や安殿親王（後の平城天皇）・親王たちに対し、「緒嗣の父がいなければ、自分はどうして帝位を践むことができたであろうか。緒嗣は若く、臣下の者は怪しむだろうが、緒嗣の父の多大な功績は忘れることのできないものであり、緒嗣を参議とし、その長年にわたる恩に報いようと思う」と詔している。

延暦二十四年（八〇五）には殿上で菅野真道《すがののまみち》と徳政を論じ、緒嗣の意見が容れられて、征夷と造都の二大事業が民を苦しめるものとして停止された。桓武の最晩年まで、もっとも信頼する側近は緒嗣だったのである。

平城の時代になると、緒嗣は大同元年（八〇六）に諸道観察使の制を建議し、自ら山陽道観察使となり、畿内観察使、また東山道観察使・陸奥出羽按察使として、地方情勢の把握に努めた。

嵯峨の時代となって観察使が廃止されると、大同五年（八一〇）に参議に復したが、その頃には嵯峨の側近として「平城太上天皇の変（薬子の変）」の鎮圧に尽力した北家の冬嗣《ふゆつぐ》が藤原氏の中心となっていた。それでも弘仁八年（八一七）に四十四歳で中納言、弘仁十二年（八二一）に四十八歳で大納言、そして淳和天皇の天長二年（八二五）には五十二歳で右大臣に上った。嵯峨や淳和からも冬嗣からも信頼（安心？）されていたのであろう。

天長三年（八二六）に冬嗣が死去してからは、政権の首班となり、天長九年（八三二）にはついに左大臣に上った。五十九歳の年のことであった。

この間、政治に練達していて、労せずしてよく国政を処理し、国家の利害については知れば必ず奏上したとある。

また、各氏族の系譜を集成した『新撰姓氏録《しんせんしょうじろく》』の撰述に加わり、『日本後紀《にほんこうき》』の編纂の首班となるなど、国家の中枢に関わる文化面でも力を尽くした。

ただし、「一人の人があることについて議論している時に、始めに語った者の説が正しくなく、後に語った者の説が真実であっても、先の説を確信すると、後説を容れないところがあった。この偏見への固執により、批判を受けた」と評されているのは、頑固な孤高の老人の姿を彷彿とさせ、かえって好感が持てる。

晩年は空海《くうかい》ゆかりの今熊野観音寺《いまくまのかんのんじ》の整備と、その隣接地の法輪寺《ほうりんじ》（後の泉涌寺《せんにゅうじ》）創建に関わり、これは次男春津《はるつ》の代に完成している。

死亡したときは、七十歳であった。

緒嗣の長男家緒《いえお》は従四位下左兵衛督、次男春津は従四位下散位、他に本緒《もとお》と忠宗《ただむね》の名が『尊卑分脈《そんぴぶんみゃく》』に見えるが、官位は不詳である。なお、孫の枝良《えだよし》、曾孫の忠文《ただふみ》は参議に上った。この頃から、藤原氏の議政官は北家のみがほぼ独占するようになり、他の家で大臣に上る者はいなくなる。

忠文は平将門《まさかど》の乱の鎮定のため征東大将軍に、藤原純友《すみとも》の乱の平定のため征西大将軍に任じられたが、どちらも到着前に乱は鎮圧された。後には実頼《さねより》など小野宮家に崇ったと称された。

才能も地位もあった僧が出世できなかった理由

守印

才能が出世の妨げになった？

久々に僧の卒伝である。『続日本後紀《しょくにほんこうき》』巻十三の承和《じょうわ》十年（八四三）十二月癸未条（二十九日）は、謀反（新羅人張宝高《ちょうほうこう》と関わりを持って国際交易に手を出し、自邸に武器を蓄積したというもの）の密告があった文室宮田麻呂《ふんやのみやたまろ》（先に言及した文室浄三《きよみ》の孫で、秋津《あきつ》の弟）の伊豆への配流が決定したことに次いで、守印《しゅいん》という僧が死去したことを語っている。

元興寺《がんごうじ》の伝灯大法師《でんとうだいほうし》守印が死去した。法師は和泉国の人で、俗姓土師《はじ》氏、勝虞《しょうぐ》大僧都の弟子であった。延暦《えんりゃく》二十四年に年分度者として受戒した。生まれつき聡く敏捷で、物の道理に精しく一度耳に聞くとそらんじて忘れず、しばしの間目に触れたものは皆記憶して漏らすこ

とがなかった。法相によく通じ、併せて倶舎宗を解し、論義の座で守印に匹敵し得る者は稀であった。眼・耳・鼻・舌・心・意からなる六根のうち、鼻根に勝れ、守印が他出の間にその房に人が入室することがあると、戻った守印は匂いをかいで自分のいない間に誰が来たか問い、寺の出家見習いの童子を見て、□の飯を食した、と語った。これを検証してみると、真実であり、嗅覚に関わるこの類の評判が広くひろまっていた。残念なことに宮中の講座に列することなく、空しく一房のうちで死去した。時に行年は六十一歳。

伝灯大法師というのは天平宝字《てんぴょうほうじ》四年（七六〇）に定められた二色九階の僧位（僧に与えられる位階）のうちの最高位のことである。

これほど高位にあった守印であったが、僧正《そうじょう》・僧都《そうず》・律師《りっし》からなり、僧尼を統轄し大寺院を管理する僧綱《そうごう》という僧官に任じられることはなかった。それのみならず、どこかの寺院の寺務を総括する別当の職に任じられたことも伝わっていない。また卒伝によると、宮中に召されてその講座に列することもなかったというのであるから、徹底して出世しなかった人のようである。

なお、僧の場合、その出自はほとんど問題にならない。守印が王権の葬送を管掌する土師氏の出身だからといって、それが出世できなかった理由とは考えられないのである（古代の高僧は渡来系氏族や地方豪族出身の人も多かった）。

守印の師である勝虞は、阿波国板野郡の地方豪族である凡直《おおしのあたい》氏の出身で、法相と因明に長じ、元興寺に住した。桓武《かんむ》天皇の病気平癒のために放生を行ない、大僧都となって僧綱の中心となって活躍した。統率力に優れ、任その人を得ると称されるほどであったという。

このような素晴らしい師匠の教えを受けていながら、守印がまったく出世とは縁遠い人であったとは、やはり本人なりの矜持があったのであろう。

しかも、まったく能のない人であったならばともかく、博覧強記にして、法相（一切のものの真実のすがた。ものの真実の本性）に通じ、倶舎宗（諸法を五位七十五法に分析してそれらの実在性を認め、世界はこれによって成立し輪廻の苦に漂う人生が存在するから、根本の煩悩を滅し身体的条件のなくなった無余涅槃に達すべきことを説く）を解し、論義の座で守印に匹敵し得る者はいなかったというほどの才を見せていたのであるから、その実力は誰しも認めるものであったに違いない。

いやむしろ、このような突出した能力が、逆に守印の出世の妨げになったのではないかとの推測は、おそらくそれほど的を外したものではなかろう。

仏教界であっても、そこは巨大な組織である以上、個人の能力よりも組織をまとめる能力の方が優先されたであろうことは、平安時代の古記録に僧の能力を誉める語として「能治《のうち》」というものがしばしば見られ、ついには「寺司の掌るところは受領と異ならないのであるから、受領の例に倣って、能治者を兼補させるべきである」などという意見が公卿議定で出されるようになるのである（『小右記《しょうゆうき》』）。

その卒伝に記された守印の能力というのも、嗅覚が優れていて、自分がいない間に誰かが来たことを知るとか、童子が何か仏教で禁止されている物を食したことを嗅ぎ取ったとかで評判を取ったとかいうものであり、とても高僧のそれとは思えない事柄である。むしろ、そのようなことばかり言っているから出世できないのではないかとも思えてくる。

そのようにして六十一歳まで生き、空しく一房のうちで死去したというのも、思えばみずから蒔いた種と言えるのかもしれない。

しかし、このような一介の僧の卒伝を正史である『続日本後紀』に載せた史官の思いも、また推して知るべきであろう。守印と同じく師匠に恵まれた私としても、宮中に出入りして天皇や貴顕の相手ばかりすることによって高位高官に上り、大寺院の経営に奔走する「高僧」よりも、このような人物に共感してしまう、今日この頃である。

苦労して出世し、行政官になった学者が最後に選んだ道

善道真貞

『令義解』の編纂にも従事

次は学者である。『続日本後紀《しょくにほんこうき》』巻十五の承和《じょうわ》十二年（八四五）二月丁酉条（二十日）は、善道真貞《よしみちのまさだ》という学者の卒伝を載せている。

散位《さんい》従四位下善道朝臣真貞が死去した。真貞は右京の人で、故伊賀守従五位下伊与部連家《いよべのむらじいえ》守《もり》の男である。十五歳の時、大学に入り、数年経つ間に諸学者らがその才能と品行を推薦し、得業生《とくごうじょう》に補された。大同《だいどう》四年に官吏登用試験に及第して、山城国少目に任じられ、ついで播磨少目に遷り、弘仁《こうにん》四年に大学助教を兼任して、弘仁十年に外従五位下に叙され、博士に転任し、弘仁十一年に儒教経典に明るいことをもって従五位下を授けられ、越前大掾・相模権

介等を兼任した。天長《てんちょう》の初年に大学助に遷り、陰陽頭を歴任して、ついで従五位上を授けられ、天長五年に上表して善道朝臣を賜姓された。天長七年に正五位下を授けられ、天長八年に阿波守に遷った。この時、学識のある公卿一、二人が詔により諸学者と『令義解《りょうのぎげ》』の編纂にとりかかっていたが、真貞もこの事業に参加し、阿波国へ赴任しなかった。承和五年に正五位上を授けられ、翌年、従四位下を授けられた。真貞は三伝（『春秋左氏伝《しゅんじゅうさしでん》』『春秋公羊伝《しゅんじゅうくようでん》』『春秋穀梁伝《しゅんじゅうこくりょうでん》』）、三礼（『周礼《しゅらい》』『儀礼《ぎらい》』『礼記《らいき》』）を学び、併せてよく議論を行なった。ただし、元来、漢音（唐代、長安の周辺で使用された字音）を学ばず、四声（四種の声調）を弁えなかった。教授する際には総じていい加減な字音を使用していた。進取の気象が強く、積極的に処していた。七十歳に及ぶころ、東宮学士となり、皇太子（恒貞《つねさだ》親王）が廃されると、備後権守となり、承和十一年に仁明《にんみょう》天皇が国家に功績のある老臣であることを憐れみ、京へ喚び戻した。諸学者は「当代、『公羊伝』を読めるのは真貞のみである」と言った。この学問の廃れるのを恐れ、真貞に命じて大学において『公羊伝』を講義させた。後、自家で死去した。時に行年は七十八歳。

善道氏というのは、聞き慣れない氏族だが、どうやら真貞が賜わったのが最初で、後にも淡路守に任じられた継根と伊豆守に任じられた根莚の二人しか、確実な史料には見えない。末継《すえつぐ》・岑継《みねつぐ》・貞継《さだつぐ》・忻妙《きんみょう》という男子がいたとする系図もあるようだが、一次史料では確認できない。

伊余部馬養――根麻呂――伊与部福人――家守――善道真貞

真貞は、神護景雲《じんごけいうん》二年（七六八）の生まれ。天長五年（八二八）にみずから上表して善道氏となった。それ以前には、伊与部連真貞として、天長二年（八二五）から登場する。善道氏は、はじめは宿禰姓で史料に見えるが、後に朝臣姓に昇格したようで、承和五年（八三八）からは朝臣姓で現われる。

伊与部氏というのは、持統《じとう》三年（六八九）に撰善言司《せんぜんげんし》に拝され、『懐風藻《かいふうそう》』にも漢詩が採られている伊余部馬養《いよべのうまかい》の子孫である。馬養は丹後国司の時に「水江浦島子伝」を作り（『丹《たん》後国《ごのくに》風土記《ふどき》』逸文）、「浦島太郎」伝説の基を作った人物である。

さてこの真貞、明経道という、『孝経《こうきょう》』や『論語《ろんご》』などの儒教の経典を研究する学問を修めた。大学では、明経生の中から優秀な者四人が選ばれて明経得業生となり、数年を経て明経試を受けて官吏となった。明経道は学生数が多く、なかなか上に昇るのは大変なのだが、真貞はよほど優秀だったらしく、十五歳で入学し、数年というから十代の内に得業生となった。しかし、大同四年（八〇九）に明経試に及第して山城少目（四等官の最下位）に任じられた時には、すでに四十二歳となっていた。いやはや、今も昔も、学者というのは大変な稼業である。

その後、播磨少目に遷った後、弘仁四年（八一三）に四十六歳で大学助教を兼任し、弘仁十年（八一九）に五十二歳で明経博士に転任した。戦後日本の「ポツダム大学」や、平成以降の「バブル大学」、まして近年の「免許証博士」とは異なり、当時は大学は日本に一つしかなく、博士も想像を絶する立派な地位なのであった（ただし、貴族社会の中では中級貴族の下の方）。英才であった真貞が「出世」するまでにこれほどの年数を要したのは、致し方のないところであった。ただ、当時は現在よりもはるかに平均寿命が短かったから、「出世」以前に他界してしまった学者も、大勢いたことであろう。

真貞はその後、天長の初年に五十代末で大学助や陰陽頭を歴任した。もはやただの学者ではないという自覚からか、天長五年に善道氏となることを申請したのである。この「ただの学者」から「行政官」への「出世」が、今も昔も、学者としての人生を狂わせるのではあるが。

もっとも真貞は学者としての本分も失わなかったようで、六十四歳になった天長八年（八三一）から、学識のある公卿一、二人と共に、『令義解』の編纂に従事している。これも政治との関わりもあったにせよ、律令学の大成は、後世に大きな利益をもたらすことになった。

この真貞に関わるエピソードとして面白いのは、彼が三伝（『春秋左氏伝』『春秋公羊伝』『春秋穀梁伝』）、三礼（『周礼』『儀礼』『礼記』）という儒教の根本経典に通じていたものの、漢音という標準的な字音を学ばず、四声という声調を弁えず、いい加減な字音で教授していたという点である。正統で完璧な学者よりも、どこか玉に瑕《きず》のある学者の方が、受講している側としては魅力的なものである（欠点ばかりの人では困るが）。

このようにして「出世」を続け、承和八年（八四一）に七十四歳で皇太子恒貞親王の東宮学士となった。東宮学士とは、皇太子に経書を進講する官であるが、このような栄誉ある官に就いて喜んでいたところに、大きな落とし穴が待っていた。恒貞親王は承和九年（八四二）に嵯峨《さが》太上天皇が死去すると、承和の変で皇太子を廃されてしまったのである。東宮坊の官人は、皆、これに連座し、真貞も備後権守に左遷されてしまった。

とはいえ、これまでの学者としての功績によるものであろう、承和十年（八四三）に仁明天皇が国家の功臣であるという理由で、京に戻した。そして『公羊伝』の研究が廃れるのを恐れ、再び大学で『公羊伝』の講義を再開させた。この年、七十六歳であった。真貞はその最晩年に、また一介の学者に戻ったことになる。

真貞が自家で死去したのは、その二年後のことであった。七十八歳。彼の脳裡に去来したのは、どのような光景であったことか。

なお、私事で恐縮であるが、私が大学に入学して教養の二年間、漢文の習練のため、『春秋左氏伝』の講義を受講していた。『左氏伝』理解の助けにするため、『春秋公羊伝』も読んでいたのだが、割とわかりやすい『左氏伝』とは異なり、『公羊伝』の方は難解であったことを、何十年ぶりに思い出した。よく考えたら、それから専門学部に進学して以来、和風の変体漢文ばかり読んで、本格的な漢文はほとんど勉強していないのであった。

藤原吉野

ただ一人の天皇を支え愛された官人の生き様

退潮する藤原式家

藤原式家の人物を取りあげるのも、これが最後になるだろうか。『続日本後紀《しょくにほんこうき》』巻十六の承和《じょうわ》十三年（八四六）八月辛巳条（十二日）には、藤原吉野《よしの》の薨伝が載せられている。

散位《さんい》正三位藤原朝臣吉野が死去した。吉野は参議従三位勲二等大宰帥蔵下麻呂《くらじまろ》の孫で、致仕参議正三位兵部卿綱継《つなつぐ》の男である。若くして大学に学び、自分より下の者に尋ねることを恥じず、寛大な性格で人を懐けた。賢者を見ては、それと同等となろうと思い、手から書物を離すことがなく子弟を教え諭した。穏やかな人柄で、他人の過ちを見ても冷ややかに対することがなく、議論をして、法に反するようなことを主張することはなかった。住みついたところには好んで樹木を植えた。昔、晋の王徽之《おうきし》が空き屋に住み、庭に竹を植えたことがあった。人がその理由を聞くと、徽之は竹を指して、「一日としてこの君（竹）がなくては過ごせないのです」と言った。吉野には千古を隔てて親しい仲間がいる、ということができる。吉野は父母に仕えて孝行し、わずかの間もそれに欠けることがなく、忠と孝の道にともに励んだ。これより先、父兵部卿が新鮮な肉があると聞いて人を遣わして求めたことがあった。たまたま吉野は朝廷に出仕していて在宅していなかった。肉の持ち主はそれを惜しんで分けてくれなかった。後に吉野はこのことを聞いて、持ち主を責めて涙を流し、終身、肉を食することを止めた。弘仁《こうにん》四年に主蔵正から美濃少掾に任じられ、弘仁七年春に春宮少進に遷り、弘仁十年正月に従五位下に叙され、駿河守に任じられ、諸事を滞りなく処理し、部内を取り締まり犯罪をなくした。弘仁十四年夏四月に東宮が受禅して即位する（淳和《じゅんな》天皇）と、五月に吉野は中務少輔となり、ついで左近衛少将に任じられ、天長《てんちょう》元年に従五位上に昇叙し、天長二年に伊予守を兼ね、畿内巡察使となり、八月に正五位下に叙され、天長四年に従四位下を授けられ、皇后宮大夫に任じられ、天長五年閏正月に右兵衛督を兼ね、五月に参議となり、式部大輔を兼ね、天長七年五月に春宮大夫に遷り、八月に正四位下に叙され、右近衛大将となり、春宮大夫は元のままだった。

天長九年十一月に従三位を授けられて、権中納言に任じられ、天長十年三月に東宮が受禅して即位すると〈深草《ふかくさ》（仁明《にんみょう》）天皇〉、正三位を授けられた。その後、右近衛大将を辞職し、退位した淳和太上天皇に従った。承和元年に権中納言から正任となり、承和七年五月に淳和太上天皇が死去すると、一年間、出仕せず、再三にわたり上表して辞職を求めた。しかし、許されず、宮中からの使がしきりに出仕を求め、強いて参内するようになったものの、まもなく、承和九年七月に伴健岑《とものこわみね》の事変に縁坐して、大宰員外帥に左降され、承和十二年正月に山城国に遷された。時に行年は六十一歳。

吉野は、藤原綱継の一男として延暦《えんりゃく》五年（七八六）に生まれた。母は蔵下麻呂の女の姉《あね》子《こ》。この年の公卿構成は、南家の藤原是公《これきみ》が右大臣として首班の座にあり、大納言が同じく南家の藤原継縄《つぐただ》ただ一人、中納言が北家の藤原小黒麻呂《おぐろまろ》と石川名足《いしかわのなたり》・紀船守《きのふなもり》の三人、参議が佐伯今毛人《さえきのいまえみし》・神王《みわ》・大中臣子老《おおなかとみのこおゆ》・紀古佐美《こさみ》の四人というものであった。

桓武《かんむ》天皇擁立に功績のあった藤原良継《よしつぐ》・藤原百川《ももかわ》、桓武の側近であった藤原種継《たねつぐ》、そして吉野の祖父の蔵下麻呂ら式家の公卿はすでに亡く、後に桓武の側近となる藤原緒嗣《おつぐ》や藤原仲《なか》成《なり》は、いまだ若年であった。式家の退潮は、覆いようもなかったのである。

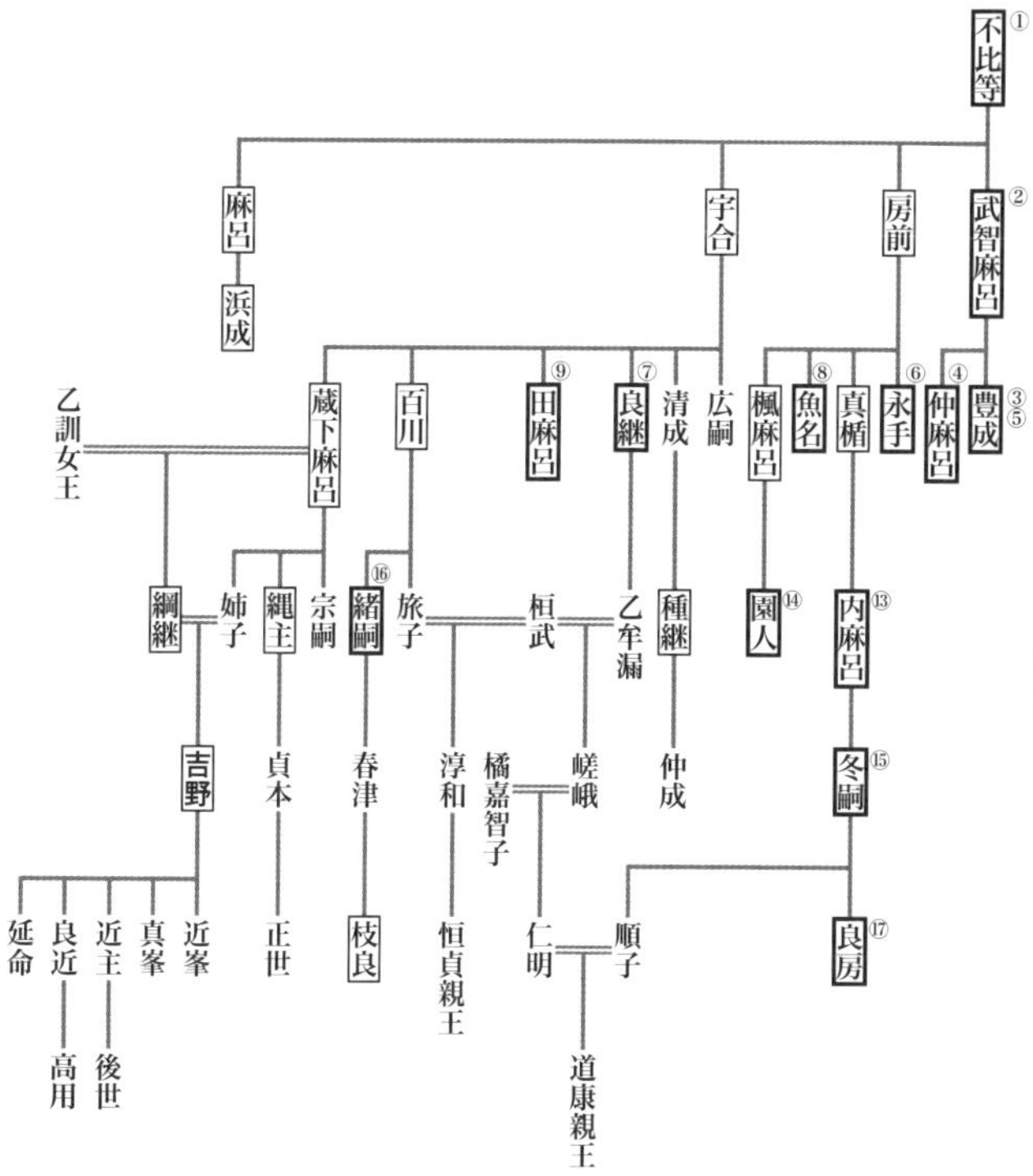

（□は議政官、■は大臣に上った者、数字は氏長者継承順）

父の綱継も、吉野が生まれた年には二十四歳で出身前と、まったく頼りのない家に生を受けたことになる。なお、綱継が従五位下に叙爵されたのは四十一歳の年のことで、その時には吉野はすでに十七歳に達していた。

ついでに言うと、綱継は淳和天皇の即位に伴ってやっと六十一歳で蔵人頭、六十三歳で参議に任じられた。天長五年（八二八）に吉野に参議を譲って自らは致仕し、山井里第に隠棲した。後に述べる承和の変で吉野が左遷され、四年後に吉野が死去しても、さらに長命を保ち、承和十四年（八四七）に八十五歳で薨去している。

淳和天皇に仕える

さて、吉野は若くして大学に学び、主蔵正に任じられた後、弘仁四年（八一三）に美濃少掾に任じられ、三十一歳の弘仁七年（八一六）に春宮少進に任じられた。当時の東宮は大伴《おおとも》親王（後の淳和天皇）で、同じ式家出身の母（藤原百川女の旅子《たびこ》）を持つ大伴親王と吉野は同年齢で、親しく仕え、生涯を淳和の為に捧げることとなった。『文華秀麗集《ぶんかしゅうれいしゅう》』には、美濃少掾として下向する吉野に贈った大伴親王の七言絶句があり、淳和と吉野の親密な関係が窺える。その後、弘仁十年（八一九）に三十四歳で従五位下に叙爵され、駿河守に任じられた。「諸事を滞りなく処理し、部内を取り締まり犯罪をなくした」と、その治世を讃えられたのは、この時のことである。

弘仁十四年（八二三）に淳和が即位すると、中央に呼び戻され、中務少輔、次いで左近衛少将と要職に任じられた。翌天長元年（八二四）には左少弁、天長三年（八二六）には天皇側近の蔵人頭に補された。天長四年（八二七）に皇后宮大夫、次いで右兵衛督に進み、翌天長五年（八二八）には、先に述べたように、父綱継の譲りによって参議に任じられ、公卿に上った。四十三歳という若年であった。天長七年（八三〇）には春宮大夫と右近衛大将を兼任し、天長九年（八三二）には従三位権中納言に昇進するなど、順調な官歴を歩んでいた。

しかし、天長十年（八三三）に淳和が退位して、皇統の異なる嵯峨《さが》皇子の仁明天皇が即位すると、右近衛大将を辞し、淳和太上天皇に従って淳和院（右京四条二坊）に陪侍した。中納言の官にはあったものの、淳和の側近に侍したらしい。淳和は承和七年（八四〇）に崩御したが、嵯峨や仁明に遠慮して、「自分の遺骨を散骨して、この世に野心を残していない事を示して欲しい」という遺言によって火葬され、その遺骨は吉野の手によって泣く泣く大原野の西山（京都市西京区の小塩山）の山頂付近で散骨された。吉野にとってみれば、これで生きるための大きな目標がなくなったと感じられたことであろう。

そして承和九年（八四二）に起こった承和の変において、淳和皇子の東宮恒貞《つねさだ》親王や吉野たちは謀反の疑いをかけられた。恒貞は廃太子され、すぐさま新東宮に良房《よしふさ》の妹である順子《じゅんし》が産んだ道康《みちやす》親王（後の文徳《もんとく》天皇）が立てられた。吉野も連坐して大宰員外帥に左降された。この時、東宮坊の官人が全員、左遷されたが、そのうち式家の者が五人、含まれていた。明らかに、事態は藤原北家の良房や仁明生母の橘嘉智子《たちばなのかちこ》に有利にはたらいたのである。吉野は承和十二年（八四五）には大宰員外帥も解任され、山城国に移配された。そのまま復活することなく、翌承和十三年（八四六）に薨去したのである。時に散位正三位、六十一歳であった。

「忠臣は二君に仕えず」とは、『史記《しき》』田単《でんたん》（中国戦国時代の斉の武将）伝に見える故事であるが、実際にこれを実践できる者は少ない。新君の時代になると、何とかしてそちらに取り入ろうというのが常であるし、中には君主が代わりそうになると、旧主を見捨てて新たな主を見定めようとする連中も、政治の世界のみならず、あらゆる社会で頻繁に見られる現象である。この吉野こそ、これを実現した数少ない人物であったと言えよう。

その薨伝には、いくつか吉野の人となりを表わすエピソードが語られている。自分より下の者に尋ねることを恥じず、性格は寛大・柔和で包容力があり、人々から慕われた。賢者を見ては、それと同等となろうと思い、手から書物を離すことがなく、目下の者からも進んで教えを受ける一方、師弟にも教え諭した。穏やかな人柄で、他人の過ちを見ても冷ややかに対することがなく、議論をして、法に反するようなことを主張することはなかった。

住まいには樹木を植える事を好み、その様子は竹を愛した東晋の文人・王徽之（王羲之《おうぎし》の子）を彷彿させた。なお、徽之が竹を指して、「一日としてこの君（竹）がなくては過ごせないのです」と言ったという故事は、『枕草子《まくらのそうし》』の逸話で有名である。

父母に仕えて孝行し、わずかの間もそれに欠けることがなく、忠と孝の道にともに励んだ。父が新鮮な肉があると聞いて人を遣わして求めたことがあったが、吉野が朝廷に出仕していて在宅していなかったので、肉の持ち主は分けてくれなかった。後に吉野はこのことを聞き、持ち主を責めて涙を流し、終身、肉を食することを止めたという。

政治的に完全に敗れた者に対して、国家がこれだけの讃辞をその薨伝に書き連ねる、これこそが吉野の真骨頂であろう。摂政太政大臣として位人臣を極めた藤原良房、天皇の生母として権力を一身に集めた嘉智子と比べて、どちらが充実した人生であったかは、一概には論じられない問題であるが、吉野の方により爽やかな印象を覚えることは、間違いのないところであろう。

最澄、空海を保護、異例の出世を遂げた官人の最期

和気真綱

「道鏡事件」和気清麻呂の五男

和気《わけ》氏の官人を取り上げるのは、はじめてであろうか。『続日本後紀《しょくにほんこうき》』巻十六の承和《じょうわ》十三年（八四六）九月乙丑条（二十七日）は、次のような和気真綱《まつな》の卒伝を載せている。

参議従四位上和気朝臣真綱が死去した。真綱は故民部卿従三位清麻呂《きよまろ》の第五子である。人柄は人情に厚く、忠孝を兼ね合わせ、事に当たり、よこしまなことをしたことがなかった。若くして大学に入り、史書を学習し、二十歳の時に文章生に補され、延暦《えんりゃく》二十三年に初めて任官して内舎人となった。大同《だいどう》四年に治部丞と中務丞に遷り、弘仁《こうにん》六年に従五位下に叙された。

それ以降、嵯峨《さが》・淳和《じゅんな》・仁明《にんみょう》天皇の三代に渉り内外官を経歴し、その数は三十余にのぼり、左右大中少弁・左右中少将の官がその中にあり、重要な官職で就かないものはなかった。そこで位階は従四位で終わったが、官は参議に至った。

さらにもとより仏教への信仰があり、帰依していた。天台・真言両宗の立宗は、真綱とその兄但馬守広世《ひろよ》の二人の力によるものである。また、左近衛次将の時、俸禄を割き、併せて私財を加えて摂津国の良田を購入して近衛府の厨家に寄附した（柏梨荘）。良き将軍が酒食を提供して兵士を督励したのと同様に、現在も役立っている。公を支援したいという切なる気持ちを、ここに見ることができる。

しかし、禍福は糾《あざな》える縄の如しで、量りがたいところがあり、本年の春夏にかけて法隆寺《ほうりゅうじ》僧善愷《ぜんがい》が少納言従五位下登美《とみ》真人直名《なおな》の犯した罪を訴え、弁官が審理に当たろうとした際、同僚の弁官の中に直名の味方をする者（伴善男《とものよしお》）がおり、却って仲間の弁官を誣告《ぶこく》して、違法の訴訟を受理したと主張したのである。

まず明法博士らに、違法の訴えを受理した罪を判断させたが、博士らは畏避するところがあって、正論を展開しようとせず、好悪のままにそれぞれが勝手な議論を展開して、公罪か私罪かについても定まらず、ここにおいて真綱は、「塵・埃の立つ道は行く人の目を遮るもの

である。不当な裁判の場で一人直言しても、何の益があろうか。職を退くに如かずである。早く冥途に向かおうと思う」と言い、固く山門を閉じて、病のないまま卒去した。時に行年は六十四歳。

和気氏は吉備出身の古代豪族で、吉井川流域の備前・美作地方から出て、広虫《ひろむし》・清麻呂姉弟の代に中央に出仕した。一族は磐梨別公《いわなしわけのきみ》から藤野別真人《ふじののわけのまひと》、輔治能《ふじの》真人、さらに和気公、和気宿禰、和気朝臣と改姓された。清麻呂は故郷の民政にも意を尽くし、備前・美作国造に任じられた。

姉弟ともに孝謙《こうけん》・称徳《しょうとく》女帝の信任を得たが、神護景雲《じんごけいうん》三年（七六九）に「道鏡《どうきょう》事件（称徳天皇事件）」のため、別部《わけべ》姓に貶された。その後、中央に復帰し、広虫は典蔵、清麻呂は民部卿・造宮大夫に上った。長岡京、次いで平安京の造営を建議したのも清麻呂である。

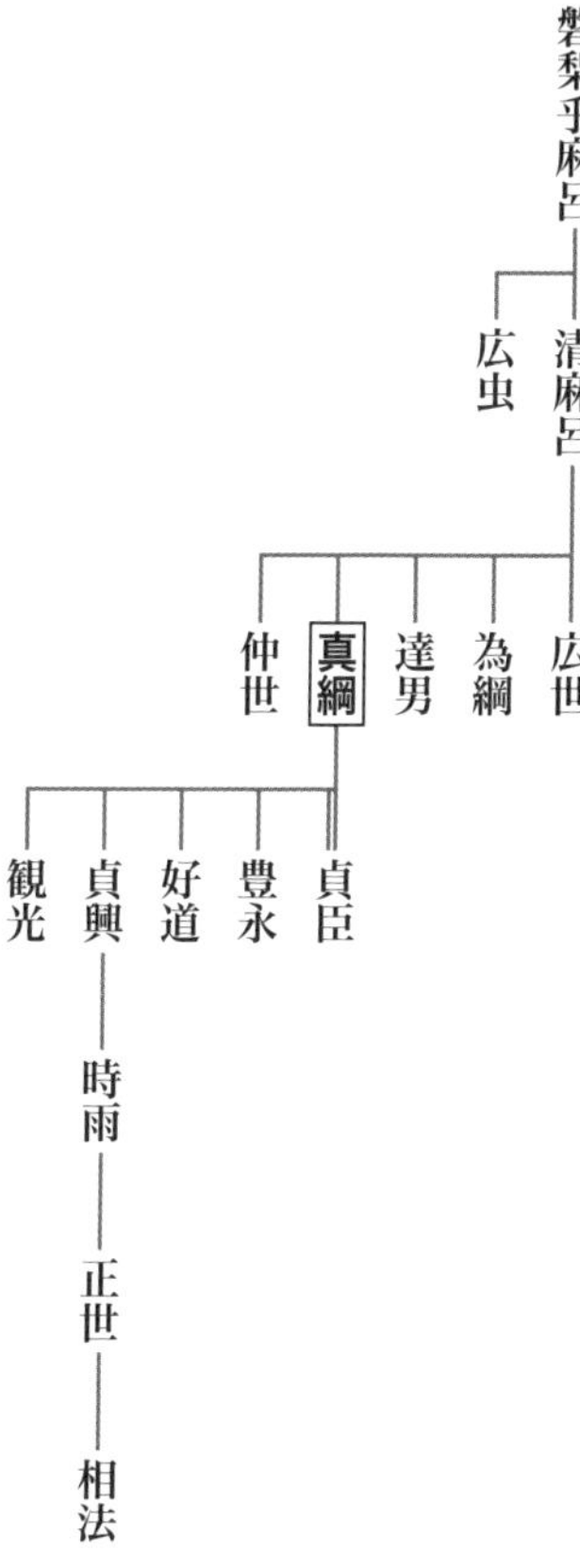

（□は議政官、■は大臣に上った者）

清麻呂の子の広世・真綱・仲世《なかよ》らは、いずれも大学寮に入り、文章生から出身し、大学寮を復興した。また、最澄《さいちょう》・空海《くうかい》の外護者となって平安仏教に大きな足跡を残した。

「禍福は糾える縄の如し」

真綱は清麻呂の五男として、延暦二年（七八三）に生まれた。大学に入って史書を学習し（この辺までは私と同じなのだが）、二十歳で文章生となり、延暦二十三年（八〇四）に二十二歳で内舎人として出身し、大同四年（八〇九）に二十七歳で治部少丞、次いで中務少丞に任じられた。これはその門地から考えれば、異数の出世と言えよう。（私と違って）よほどの秀才だったのであろう。

その後、弘仁四年（八一三）に蔵人、弘仁五年（八一四）に大伴《おおとも》親王（後の淳和天皇）の春宮少進に任じられ、翌弘仁六年（八一五）に従五位下に叙爵され、春宮大進に上った。その後も、弘仁八年（八一七）に刑部少輔、弘仁十一年（八二〇）に右少弁・左近衛少将、弘仁十二年（八二一）に左少弁・右近衛少将、弘仁十四年（八二三）に内蔵頭・民部大輔・中務大輔・越前守・修理大夫、天長《てんちょう》元年（八二四）に河内守、天長四年（八二七）に右中弁・内匠頭、天長五年（八二八）に摂津守、天長七年（八三〇）に宮内大輔、天長八年（八三一）に刑部大輔、天長十年（八三三）に木工頭、承和元年（八三四）に内蔵頭、承和二年（八三五）に右大弁、承和四年（八三七）に左近衛権中将・左近衛中将と内外官を歴任した。毎年のように職場と官が替わるというのは、退屈しなくていいなと思うと共に、仕事を覚えるのが大変だったのではないかと、凡人の私としては、要らぬ心配をしてしまう。

そして承和七年（八四〇）に参議に任じられ、ついに公卿の地位に上った。さすがの秀才真綱も、すでに五十八歳となっていた。和気氏としては、空前絶後のことであった。右大弁は元どおりに兼任している。

しかしながら、卒伝が、「禍福は糾える縄の如し」という『史記《しき》』南越列伝の故事を引いているように、この慶事から六年後の承和十三年、いわゆる「善愷訴訟事件」において、真綱は下僚である右少弁伴善男から弾劾された。

この事件は、法隆寺僧の善愷が、同寺の壇越である登美直名を寺財の不当売却とその利益押領の廉《かど》で告訴し、善男以外の五名の弁官によって、直名に遠流の判決が下された事件であるが、かえって善男によって、裁判手続きの不備を弾劾され、闘訟律・告人罪条違反であるとして告発されたのである。明法博士たちの意見は分かれ、弁官たちの行動が公罪か私罪か、更に私罪であれば私曲《しきょく》があったのかどうかという点で、議論が紛糾した。

善男が弾劾した事項の内、弁官の訴訟受理は朝廷の慣例において一般的に行なわれており、これを不当とするのは、律令の法規定を重視するか、実際の政務運営を重視するかの議論であったわけであるが、善男の性格から見て、自己の属する弁官局の上司たちを一気に陥れようとしたものと考えられよう。

真綱が死去したのは、この裁判の最中であった。卒伝によれば、「不当な裁判の場で一人直言しても、何の益があろうか。職を退くに如かずである。早く冥途に向かおうと思う」と言って、固く山門を閉じ、病のないまま卒去したとある。六十四歳であった。俗に言う憤死《ふんし》とか憂死《ゆうし》の類であろう。

なお、この裁判は、五名全員の弾劾が認められ、死去した真綱以外の四名に、解官のうえ贖銅を課すことが決定した。また、五名に有利な明法勘文を作成した三名の明法博士も解任された。善男が応天門の変で失脚するのは、二十年後の貞観《じょうがん》八年（八六六）のことである。真綱の卒伝が真綱に好意的で、善男に批判的なのは、『続日本後紀』が完成したのが貞観十一年（八六九）であることによる。

真綱の卒伝で特記されているのは、まず人柄が人情に厚く、忠孝を兼ね合わせ、よこしまなことをしたことがないという人格、そして仏教への信仰についてである。父の清麻呂が創建し、桓武《かんむ》天皇によって定額寺《じょうがくじ》に列されていた神願寺《じんがんじ》について、寺域が汚れているとして、高雄山寺《たかおさんじ》の寺域と交換して、新たに神護国祚真言寺《じんごこくそしんごんじ》と称し、改めて定額寺とすることを、弟の仲世と共に言上して、これを許されている。

最澄《さいちょう》の「高雄法会」を設け、最澄が唐から帰朝すると灌頂法壇を設け、さらに空海《くうかい》の帰朝後は、仲世と共に金剛灌頂を受けている。卒伝が、天台・真言両宗を興隆させたのは広世・真綱の二人であると評しているのは、こういった背景があるのである。

さらに、左近衛次将の時、俸禄を割き、合わせて私財を加えて摂津国の良田を購入し、近衛府の厨家に寄附したとある。「公を支援したいという切なる気持ちを、ここに見ることができる」と評している。なお、真綱が左近衛次将（少将・中将）であったのは、三十八歳の弘仁十一年以来のことであり、この柏梨荘の立荘がこの頃のことであったとすると、若いのにまことに奇特な人であったと言えよう。こんな上司がいれば、どれだけ幸せなことであろう。

なお、真綱には、生母は不明ながら、豊永《とよなが》・好道《よしみち》・貞興《さだおき》・観光《あきみつ》・貞臣《さだおみ》という五名の男子がいたと伝わる（『和気氏系図《わけしけいず》』）。貞臣は仲世の子で、養子）。貞興の子の時雨《しぐれ》が医博士・典薬頭に任じられた後、和気氏は典薬頭を歴任し、医道を家学とした。室町時代末ごろから、半井《なからい》家を称して、後世まで存続した。『医心方《いしんぽう》』をはじめとする古医書を所蔵してきたことでも知られる。

また、和気氏の特徴として、道鏡事件がらみの宇佐使がある。真綱から元亨《げんこう》年間（一三二一～二四）に中断されるまで、天皇の即位奉告などのために、代々和気氏が派遣されたのである。清麻呂を祀る京都の護王神社（本来は摂関家である近衛《このえ》家の近衛殿、後には村上源氏久我《こが》家の中院《なかのいん》家邸の故地で、当地に遷座したのは一八六六年〈明治十九〉）は、狛犬の代わりに狛いのししが置かれている（設置されたのは一八七〇年〈明治二十三〉）。清麻呂の宇佐使の際の故事（三百頭の猪が、道鏡の派遣した刺客から清麻呂を護ったとか）にちなむものである。

宇佐八幡宮

護王神社

臣籍に降下した皇子のプライドと末路

良岑木連

桓武天皇の皇子・安世から始まった良岑氏

良岑《よしみね》氏の官人を取り上げるのも、はじめてであろう。『続日本後紀《しょくにほんこうき》』巻十九の嘉祥《かしょう》二年（八四九）六月庚戌条（二十八日）は、次のような良岑木連《いたび》の卒伝を載せている。

越前守従四位下良岑朝臣木連が死去した。木連は故大納言贈従二位安世《やすよ》朝臣の第一男である。身のこなしに奥ゆかしさがあり、良い評判を得ていた。初め大学助に任じられたが、父の死に伴う服喪のため職を去り、天長《てんちょう》八年正月に従五位下に叙され、下野介に任じられ、任期を終えて入京すると、式部少輔に任じられた。

承和《じょうわ》三年に従五位上に叙され、陸奥守に任じられ、承和五年三月に正五位下となり、承和

八年正月に左中弁に任じられ、承和十一年正月に従四位下に叙され、越前守に任じられた。木連は良家の子であることに自負するところがあり、若い時から功名を立てようと思い、好んで変わった施策を行なった。諸神戸に対し行なった処置は旧例を無視し、殊の外に厳しく、同僚は反対し、木連から離れて、承知することはなかった。ついにこの失政により咎めを受け、反省して改めたが、治績をあげることはなかった。時に行年は四十六歳。

良岑氏というのは、藤原北家の内麻呂《うちまろ》の妻であった百済永継《くだらのながつぐ》が、百済系の生母を持つ桓武《かんむ》天皇の後宮に女官として入ると、その寵愛を得、延暦《えんりゃく》四年（七八五）に生まれた安世に始まる。永継は正式な后妃には数えられず、位階も従七位下に過ぎなかったため、安世も親王となることができず、延暦二十一年（八〇二）に良岑朝臣の姓を賜わって臣籍に降下したのである。

安世は書・音楽・鷹犬・騎射など多芸多能を称された。正史である『日本後紀《にほんこうき》』、勅撰儀式書である『内裏式《だいりしき》』、勅撰漢詩集『経国集《けいこくしゅう》』の撰修にあたり、正三位大納言に至った。天長七年（八三〇）に四十六歳で薨去した。

安世の一男である木連（木蓮とも）は、安世が二十歳の年、延暦二十三年（八〇四）に生

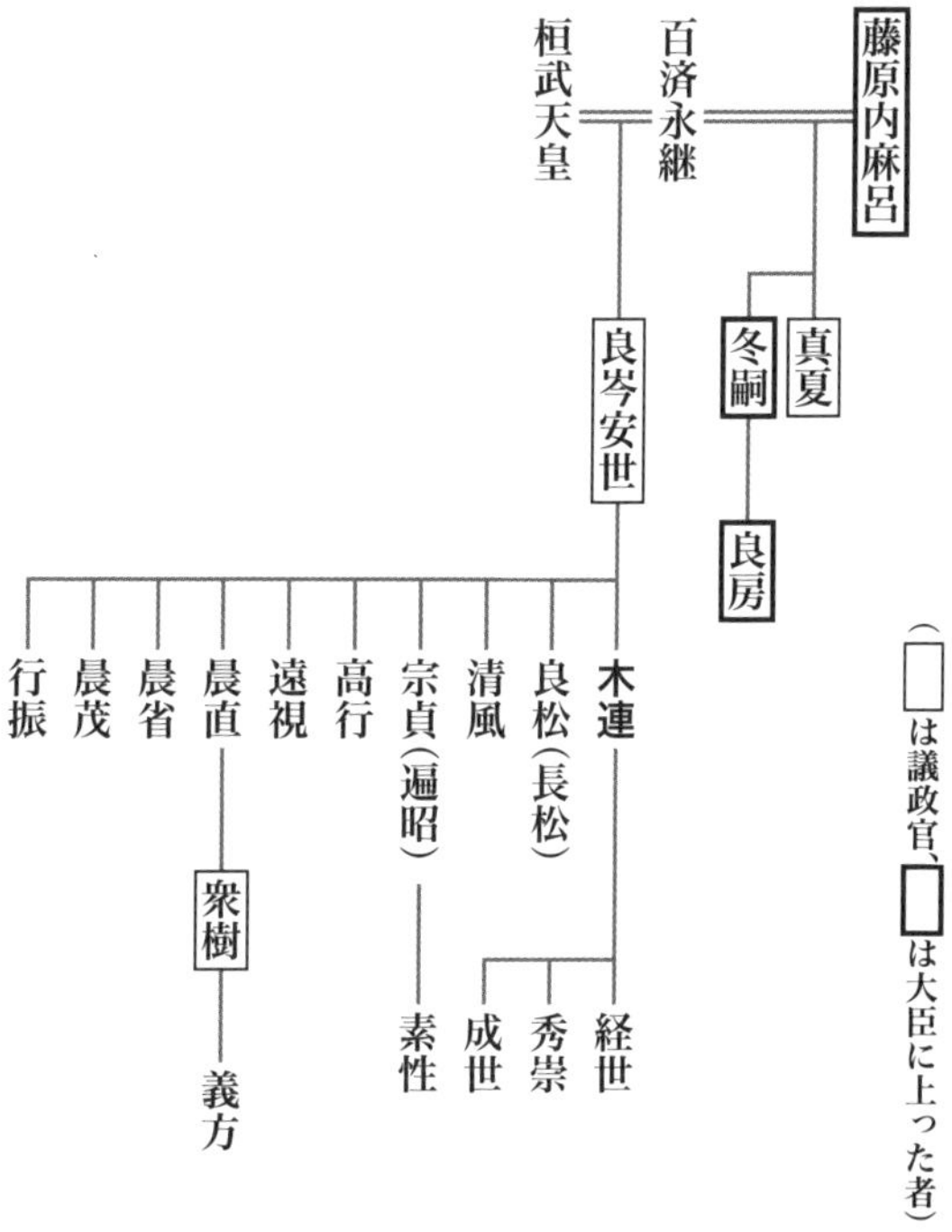
藤原内麻呂
百済永継
桓武天皇
真夏
冬嗣
良房
良岑安世
木連
良松（長松）
清風
宗貞（遍昭）
高行
遠視
晨直
晨省
晨茂
行振
経世
秀崇
成世
素性
衆樹
義方
（□は議政官、■は大臣に上った者）

まれた。生母は不明である。天長八年（八三一）に二十八歳で従五位下に叙され、下野介に任じられた。承和三年（八三六）に従五位上に昇叙され、右衛門佐・式部少輔・陸奥守を歴任し、承和五年（八三八）に正五位下に昇叙された。陸奥守として、承和六年（八三九）と承和七年（八四〇）の二度、諸情勢について奏上している。いまだ三十代の前半、地方行政に関する熱意と律令官人としての責任感が行なわせたものであろう。

承和八年（八四一）に左中弁に遷任され、翌承和九年（八四二）の承和の変においては、諸兵を率いて内裏守護の任にあたった。また承和十年（八四三）の文室宮田麻呂《ふんやのみやたまろ》謀叛事件においても、勅使として捜査にあたった（『平安時代史事典』による。髙田淳氏執筆）。まことに有能にして実直な律令官人のようであるが、承和十一年（八四四）に従四位下に叙されて越前守に任じられると、五年後の嘉祥二年に在任のまま卒去した。父と同じ四十六歳であった。

卒伝では、木連は良家の子であることに自負するところがあり、若い時から功名を立てようと思い、好んで変わった施策を行なったとある。特に、諸神戸に対し行なった処置は旧例を無視し、殊の外に厳しく、同僚は反対し、木連から離れて、承知することはなかった。ついにこの失政により咎めを受け、反省して改めたが、治績をあげることはなかった、というのは、越前守在任中のことであったかもしれない。

かならずしも良岑氏が「良家」であったとは思えないが、桓武の孫にあたる木連が、その名門意識を過剰に認識していた可能性は高い。桓武の孫ということは、仁明《にんみよう》天皇の従兄弟にあたるわけであり、「世が世なら」という思いもあったであろう。

また、右衛門佐・式部少輔・左中弁として十年以上、中央で活躍していながらも、越前守として再び地方に下らなければならなかったということも、木連の気持に焦りを生じさせたことであろう。ここで成績をあげて、また中央に復帰したいと思ったとしても不思議ではない。

しかしながら、木連に残された時間はなかった。想像をたくましくすれば、失政によって咎めを受けたことが、その死につながったのかもしれない。古代は憤死とか憂死と呼ばれる死に方が、けっこう見られたのである。

本来は、「身のこなしに奥ゆかしさがあり、良い評判を得ていた」はずの木連の晩年は、このような寂しいものであったことになる。

木連の子としては、経世《つねよ》・秀崇《ひでたか》・成世《なるよ》の三人を伝える系図もあるが、経世が従四位下丹波守、秀崇が従五位下伯耆守、成世は官位不明と、いずれもぱっとしない。

木連の弟では、宗貞《むねさだ》が出家して遍照《へんじょう》と名のった。宗貞は仁明天皇の蔵人頭となったが、仁明が死去すると出家した。仁和《にんな》元年（八八五）には僧正に上った。歌人としても六歌仙の一人に数えられる。

また、従四位下左中弁晨直《ときなお》の二男である衆樹《もろき》は、五十歳までは大したことはなく、「公（朝廷）に捨てられたようであった」とあるものの（『大鏡《おおかがみ》』）、延喜《えんぎ》十七年（九一七）に参議に任じられ、良岑氏からは久々の、そして最後の議政官となった。その子の義方《よしかた》は正四位下左中将で終わっている。

こうして、数奇な成立を見せた良岑氏は、歴史の波の中に没していったのである。

地位が落ちても実直に勤めた藤原北家傍流の官人

藤原嗣宗

天皇の労いに感激して涙を流す

『続日本後紀《しょくにほんこうき》』の最後に、巻十九の嘉祥《かしょう》二年（八四九）十一月己卯条（二十九日）に載せられた、藤原北家真楯《またて》流の傍流である嗣宗《つぐむね》の卒伝を見てみることとしよう。

左中弁従四位上藤原朝臣嗣宗が卒去した。嗣宗は故肥後守従五位下永貞《ながさだ》の長子であった。若くして大学に学び、そこから官界に入り、天長《てんちょう》元年正月に従五位下に叙され、宮内少輔に任じられ、天長二年八月に中務少輔に遷り、天長四年に散位頭に任じられ、八月に民部少輔に移り、十月に少納言に任じられ、承和元年に右中弁に任じられた。嗣宗は寒暑を厭わず、朝早くから夜晩くまで公務につき、仁明《にんみょう》天皇はその忠勤ぶりに注目して、特別の愛顧を垂れた。承和《じょうわ》五年正月七日に天皇が豊楽院に出御するため、紫宸殿の南階において御輿に乗ろうとした時、嗣宗は少納言として鈴奏を行なうため、走って庭上に立っていた。天皇はそこで御輿を停めて嗣宗に正五位下の位記を書かせたが、供奉する者は誰の位記か知らず、怪しんでいたところ、印を捺す段階に至り嗣宗に渡され、嗣宗はそれが自分のものであることを知り、悦びのあまり思わず涙を流した。

また、承和七年八月に至って従四位下に叙され、越前守に任じられ、任期を終了して帰京すると、妻と相語って、「自分の国への奉仕はこれで終わった。今は田舎でゆっくり暮らそうと思う」と言った。このことを耳にした傍らの人は叱声を発した。嗣宗は大変驚き、気持ちを改め自らに期した。俄かに従四位上に叙され、左中弁に任じられたが、この二度の栄誉を肝に銘じて忘れなかった。至忠に感応して天が高くひき上げないことはないのである。嗣宗は常にこのことを口癖にしていた。時に行年は六十二歳。

藤原房前《ふささき》三男の真楯は、天平宝字《てんぴょうほうじ》八年（七六四）には中納言にまで上っていた。真楯を妬《ねた》んだ藤原仲麻呂《なかまろ》（恵美押勝《えみのおしかつ》）がこの年に滅び、真楯も道が開けるかと思われたが、天平《てんぴょう》

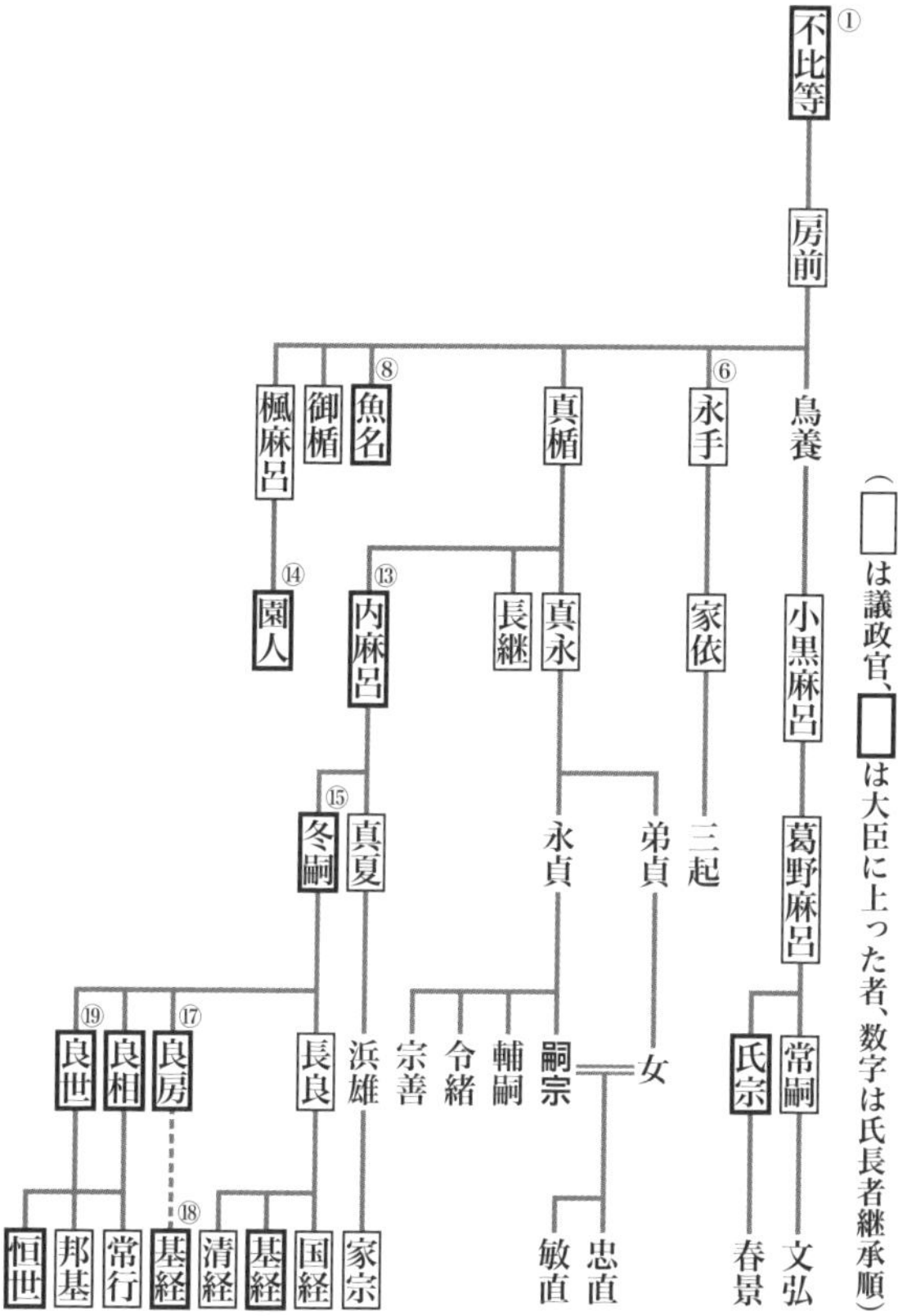
（□は議政官、■は大臣に上った者、数字は氏長者継承順）
不比等 ①
房前
鳥養
永手 ⑥
真楯
魚名 ⑧
御楯
楓麻呂
小黒麻呂
家依
真永
長継
内麻呂 ⑬
園人 ⑭
葛野麻呂
三起
弟貞
永貞
真夏
冬嗣 ⑮
常嗣
氏宗
女
嗣宗
輔嗣
令緒
宗善
浜雄
長良
良房 ⑰
良相
良世 ⑲
文弘
春景
忠直
敏直
家宗
国経
基経
清経
基経 ⑱
常行
邦基
恒世

神護《じんご》二年（七六六）に大納言兼式部卿で死去している。真楯長子の真永《まなが》は『尊卑分脈《そんぴぶんみゃく》』にしか見えない。二男の長継《ながつぐ》は宝亀《ほうき》三年（七七二）に叙爵されたが、内兵庫正《うちのひょうごのかみ》で終わっている。三男の内麻呂《うちまろ》は、右大臣にまで上った。内麻呂の子に冬嗣《ふゆつぐ》がおり、後の摂関家につながっていくことになる。

嗣宗は、真永の男の肥後守永貞《ながさだ》の嫡男として、延暦《えんりゃく》七年（七八八）に生まれた。母は伊氏の女と伝える。若くして大学に学び、天長元年（八二四）に三十七歳で従五位下に叙爵された、宮内少輔に任じられた。藤原北家とはいっても、この時期になると、傍流の官人は、このくらいの年齢にならないと貴族の一員となることはできなかったのである。

その後、翌天長二年（八二五）に中務少輔、天長四年（八二七）に散位頭・民部少輔・少納言と、立て続けに枢要の官を遷任した。よほど有能で実直な勤務ぶりだったのであろう。

承和五年（八三八）には兵部大輔を兼ねている。承和六年（八三九）に右中弁、次いで左中弁に任じられ、変わらず太政官政治の中枢の仕事を続けている。卒伝に記されている、寒暑を厭わず、朝早くから夜晩くまで公務につき、仁明天皇が忠勤ぶりに注目して、正五位下に昇叙させ、嗣宗が感激して涙を流したというのは、承和五年のことである。

少し風向きが変わったのは、承和七年（八四〇）のことであった。この年の正月、淳和《じゅんな》太上天皇が死去し、嗣宗は装束司を勤めた。そして八月に、従四位下に叙されて越前守として任地に下向したのである。この年、五十三歳であった。これ以上、太政官の中枢で出世することに対する、どこからか何らかのブレーキがかかったのであろう。

そして承和十三年（八四六）に任期を終えて帰京すると、妻と語って、国への奉仕は終わったので、田舎でゆっくり暮らそうとした。ところが、元同僚はやはり、嗣宗の能力と勤務態度を評価していたのであろう、嗣宗に叱声を発したという。

嗣宗は気持ちを改めて政務に復帰した。ただし、官としては格落ちの右中弁に任じられたのであった。しかし、そこでも嗣宗は実直に勤めたのであろう、承和十四年（八四七）に左中弁に転任され、承和十五年（八四八）には従四位上に叙されて、蔵人頭に補された。

人間誰しも、思ったように昇進しなかったり、不本意な地位に降されたりすると、それだけで腐ってしまい、やる気のない勤務態度を取りたがるものであるが、嗣宗は違っていた。二度の栄誉を肝に銘じて忘れず、至忠に感応して天が高くひき上げないことはないのであるということを、常に口癖にしていたという。

翌嘉祥二年（八四九）、嗣宗は卒去した。行年六十二歳。律令中級官人として、まことに天晴れな一生であった。

なお、嗣宗は従兄弟にあたる藤原弟貞《おとさだ》の女と結婚し、忠直《ただなお》・敏直《としなお》という二人の子を儲けている。この名前の付け方にも、嗣宗の矜持が窺えるようである。二人とも、位階は従五位下とあるが、官職は不明である。

おわりに

　本書はＪＢｐｒｅｓｓに二〇一九年十月二十五日〜二〇二一年十一月十六日に掲載された「平安貴族列伝」（後にＳＹＮＣＨＲＯＮＯＵＳに二〇二三年三月八日〜十一月二十二日に再掲された）を書籍化したものである。

「人を語れば、世を語る」とは、よく言われる言辞であるが、千年以上前の人々の生涯をたどることで、自分の生き方も考え直すきっかけになることになる。

　そんな難しいことを考えなくても、「昔はこんな人がいたんだ」ということを知るだけで、歴史に対する見方が変わってくるであろう。「自分のまわりにもこんな人いるなあ」とか、「こんな変な人がいたんだ」と知ることによって、人間というものに対する理解が深まるかもしれない。

　平安時代の人は愚かで、現代人ははるかに優秀な人類だと考えるのは、とんでもない思い違いである。それどころか、千年の時を超えて、人間の本質は変わらないんだなあと感じていただければ幸いである。

これから頑張って、六国史の最後の二つ、『日本文徳天皇実録《にほんもんとくてんのうじつろく》』と『日本三代天皇実録《にほんさんだいてんのうじつろく》』に載せられた薨卒伝を連載していくこととする。実は六国史の中で『日本三代天皇実録』がもっとも長く、薨卒伝も面白いものが多い。

今後も評判がよければ、それらも「続編」として出版していただけるかもしれない。

倉本一宏

歴史学者。専門は日本古代政治史、古記録学。国際日本文化研究センター（日文研）・総合研究大学院大学（総研大）名誉教授。1958年、三重県津市生まれ。1983年、東京大学文学部国史学専修課程卒業。1989年、同大学院人文科学研究科国史学専門課程博士課程単位修得退学。1997年、博士（文学、東京大学）。著書に『一条天皇』『壬申の乱』『現代語訳 小右記』（吉川弘文館）、『蘇我氏』『藤原氏』『公家源氏』『平氏』（中公新書）、『藤原道長の日常生活』『戦争の日本古代史』『内戦の日本古代史』『平安京の下級官人』『紫式部と藤原道長』（講談社現代新書）、『藤原道長「御堂関白記」全現代語訳』『藤原行成「権記」全現代語訳』『藤原道長「御堂関白記」を読む』（講談社学術文庫）、『権記』『小右記』（角川ソフィア文庫）、『増補版 藤原道長の権力と欲望 紫式部の時代』（文春新書）、『平安貴族とは何か 三つの日記で読む実像』（NHK出版新書）など。

平安貴族列伝《へいあんきぞくれつでん》

著者　倉本一宏《くらもとかずひろ》

2024年5月30日　初版発行

装丁・本文デザイン　mashroom design
図版　株式会社アトリエ・プラン

発行人　菅原聡
発行　株式会社日本ビジネスプレス
〒105-0021
東京都港区東新橋2-4-1
サンマリーノ汐留6F
電話　03-5577-4364

発売　株式会社ワニブックス
〒150-8482
東京都渋谷区恵比寿4-4-9
えびす大黒ビル
電話　03-5449-2711

印刷・製本所　近代美術株式会社
DTP　株式会社三協美術

 ISBN978-4-8470-7446-2 C0021